U0729943

立志成为科学家

30位科学家的求索之路

人民日报海外版科教部　主编

人民日报出版社
·北京·

图书在版编目（CIP）数据

立志成为科学家 ：30 位科学家的求索之路 ／ 人民日
报海外版科教部主编 . -- 北京 ：人民日报出版社，
2025. 2. -- ISBN 978-7-5115-8534-9

Ⅰ. K826.1

中国国家版本馆 CIP 数据核字第 2024CD3192 号

书　　名：立志成为科学家 ：30 位科学家的求索之路
　　　　　LIZHI CHENGWEI KEXUEJIA: 30WEI KEXUEJIA DE QIUSUOZHILU
主　　编：人民日报海外版科教部
责任编辑：葛倩　杨瑾
版式设计：李国娟

出版发行：人民日报出版社
社　　址：北京金台西路 2 号
邮政编码：100733
发行热线：（010）65369527 65369846 65369509 65369512
邮购热线：（010）65369530 65363527
编辑热线：（010）65363486
网　　址：www.peopledailypress.com
经　　销：新华书店
印　　刷：大厂回族自治县彩虹印刷有限公司
法律顾问：北京科宇律师事务所　010-83622312

开　　本：880mm×1230mm　1/32
字　　数：220 千字
印　　张：9.5
版　　次：2025 年 7 月第 1 版
印　　次：2025 年 7 月第 1 次印刷

书　　号：ISBN 978-7-5115-8534-9
定　　价：48.00 元

如有印装质量问题，请与本社调换，电话 (010)65369463

序　言

接力棒已交到年青一代手中

中国式现代化是人口规模巨大的现代化，14亿多人口整体迈进现代化社会，规模超过现有发达国家人口的总和，艰巨性和复杂性前所未有。我们必须下好科技创新先手棋，以制度创新激发科技创新活力，以科技现代化支撑引领中国式现代化。

斯蒂格利茨曾说，影响21世纪人类社会发展进程的有两件大事：一是中国的城市化，二是美国的高科技发展。的确，就规模和影响而言，中国的城市化进程是人类史上空前的。在经历布局起步、调整巩固、稳步提升、快速增长等阶段后，中国城市化进入高质量发展新阶段。到2023年末，中国城镇化率已提高至66.16%，城镇常住人口约10亿人。未来若干年，中国城市化率将以年均约0.8个百分点的速度继续推进，这意味着每年将有超过1000万农村居民成为新市民，将继续深刻改变中国经济社会发展面貌并继续对世界产生深远影响。

与城市化相伴的是科技现代化，改革开放以来特别是进入新时代以来，中国在科技创新领域尤其是基础研究和高科技领域取得了长足进步和卓越成就，大幅缩短了与国际先进水平的差距，在载人航天、载人深潜、人工智能、清洁能源等领域挺进国际前沿并深度参与国际科技交流合作。

中华民族拥有辉煌的古代科技成就并推动了人类文明发展进程。把我国建设成为科技强国，是近代以来中华民族孜孜以求的梦想。一代代科学家践行科学救国、科学报国、科教兴国、科技强国理念，铸就了不同时代的科学家精神。现在，科技强国建设的历史接力棒已经交到了年青一代手中。我们要有为世界奉献更加璀璨的现代科技文明成就的雄心壮志，参与塑造人类21世纪发展进程，为不断推进人类认知、增进人类福祉，继续作出中华民族的杰出贡献。

呈现当代中国科技创新尤其是高科技发展成果有诸多维度，其中作为科技创新主体的科技工作者视角无疑更直接、更独特、更鲜活。当我接到人民日报海外版编辑发来的《科技名家笔谈》约稿函时，我欣然接受并把自己在科技创新历程中的一些难忘的瞬间、故事及感悟付诸文字，在该栏目发表，以这种方式与读者朋友进行交流。

今闻该栏目精选30篇文章结集成《立志成为科学家》一书出版，我的拙作忝列其中，甚感高兴！我真诚地期待我和众多科技工作者的心声能被广大读者听到。我热切地期待青少年树立雄心壮志、传承薪火，朝着建成科技强国的宏伟目标奋勇前进！

是为序。

陈佳洱

2025年2月

序　言

为科学工作者与读者架起一座桥

　　《立志成为科学家》出版了，本书源于人民日报海外版《科技名家笔谈》专栏，是由该专栏部分文章结集而成。我的拙作忝列其中，深感荣幸。

　　作为一名在拱桥设计、施工中奋斗近 60 年的桥梁科技工作者，我在拙作中重点介绍了自己参与中国拱桥科技创新的故事，特别是主持设计、指导施工建设世界最大跨径 600 米混凝土拱桥——天峨龙滩特大桥的历程，表达了中国桥梁科技工作者建功新时代，中国拱桥科技创新成果造福世界的自豪与骄傲之情。该工程把世界拱桥建设技术推进到一个新高度，得到国际同行的高度认可，获得 2024 年度国际桥梁与结构工程协会大型公路和铁路桥梁最高奖。

　　在阅读本书的过程中，我深深感到每位作者都倾注了大量心血，力求深入浅出并准确生动地把专业领域的知识阐释好、介绍好。他们在文章中表达的观点和情感很多引起我强烈共鸣，使我更好地审视自己的学习经历和科研生涯，受益良多。

　　本书以第一人称和科学家视角，记录了他们矢志创新、风雨兼程的深深足迹，彰显了他们勇于担当、奋勇攀登的进取精神，表现了他们报效祖国、造福天下的雄心壮志。

　　"跨越山河，沟通世界"是我们桥梁科技工作者的梦想和使命。今天，《立志成为科学家》在科技工作者与读者之间也架起了一座桥，使我们以一种特殊的方式"相遇"。

　　本书的出版是对我们科技工作者的激励。在此，我表示诚挚感谢！热烈祝贺人民日报海外版再次奏响中国科技发展的时代强音！

　　是为序。

郑皆连

2025 年 2 月

目　录

科技故事篇

知识精进篇

国之栋梁

★★★★★

科技故事篇

陈厚群

（张武昌绘）

"只要祖国需要，我随时准备出发！只有义无反顾向前才能闯出新路子。"

我叫陈厚群，是中国水利水电科学研究院教授级高级工程师，中国工程院院士，中国水工抗震学科奠基人和开拓者，全国地震标准化技术委员会副主任、南水北调工程专家委员会主任，获何梁何利基金科学与技术进步奖、国际大坝委员会终身成就奖。

科技人生轨迹：

▌ 1932 年 5 月　出生于江苏省无锡市

▌ 1950 年　在清华大学土木系学习

▌ 1952—1958 年　在苏联莫斯科动力学院学习

▌ 1974 年　负责主编《水工建筑物抗震设计规范》

▌ 1992 年　再次负责《水工建筑物抗震设计规范》的修订工作

▌ 1995 年　当选为中国工程院院士

让"坝工中国"成为更闪亮的名片

陈厚群

坝工中国

新丰江水库

沙牌拱坝

交叉学科

大坝工程抗震

作为饱受震灾的国家，我国必须进一步加强抗震救灾减灾工作，特别是深入推进抗震科技创新，最大可能减少震灾直接损失，切实防止发生诸如溃坝等由地震引发的重大次生灾害，以更丰硕的创新成果为人民生命财产安全提供更可靠的保障。

边干边学
专注研究超过 60 年

作为水工建筑物抗震科研工作者，我从事相关领域的工作始于 60 多年前。彼时，我 26 岁，刚从莫斯科动力学院水电专业毕业归国，被分配到新组建的水利水电科学研究院。参加工作不久，1961年，广东省河源县新丰江大坝蓄水后发生地震，大坝需要抗震加固。我奉命牵头组建大坝抗震组，进行水工抗震研究。工程抗震是一门涉及多领域的交叉边缘学科，我所学的专业知识是水电，虽然与水工、大坝等有关，但是从未学过抗震或者与抗震有关的课程，甚至连一些最基本的相关概念都不甚了了，用"一窍不通"来形容，毫不为过。

接到任务后，我虽十分苦恼、焦虑，但既然是国家需要、工作需要、职责所在，我唯有排除万难，奋力向前。于是，我便与同事们一起边干边学，所谓"从战争中学习战争"。经过紧张奋战，我们撰写了题为《新丰江水库地震及其对大坝的影响》的论文，为相关工作的开展提供了科学依据。该论文在1973年召开的国际大坝会议上获得了国际同行的关注和好评。

新丰江水库地震研究对于我个人而言，是科研方向上的调整，从此我便走上了水工抗震科研之路并向上攀登超过一个甲子，努力不负所望，倾力取得了一些聊以自慰的成绩，其中包括主编了首部水工抗震国家标准，牵头建成了国内首座三向六自由度宽频域振动台，领衔研发了高性能并行"云计算"大坝抗震分析软件……

新丰江水库地震研究对国家科研事业来说，开创了我国系统研究大坝抗震安全的先河，中国水工抗震科研由此发轫，不断发展进步，实现从萌芽到追赶，从跟跑到并跑且在某些方面挺进国际先进水平的跨越，为刘家峡工程、小浪底工程、龙羊峡工程、三峡工程等国家大型水利基础设施的工程抗震提供了理论和技术支撑。

高扬科学精神
在继承中取得突破

在 60 余年科研生涯的崎岖征途中，我感悟良多，其中最深的是，必须始终高扬科学精神。既要保持探索新知的热情，又要敢于质疑，不迷信权威、不墨守成规；既要高度重视实证研究，又要坚持理性原则。只有切实统筹兼顾这四个方面，才可能有所创新、有所突破。

刻苦读书，虚心向别人学习固然是从事科研的基础，因为攀登离不开前人的托举，即所谓"站在前人的肩膀上"，但创新必须是在继承中突破传统和既有认知。诺贝尔物理学奖得主李政道先生说，要创新，须学问，只学答，非学问。他强调的是要善于发问，而不是满足于已有的答案；要敢于质疑，而不是未经深刻思考就接受已有的结果。对此，我的体会是，知识能否学以致用，能否转化为自己解决实际问题的智慧，关键在于是否进行思考、发问和质疑。科学总是在知识不断更新中发展进步，而善于发问、敢于质疑是实现创新的必要条件。

沙牌拱坝强震后无恙
催生新理念新方法

5 月 12 日是我国"防灾减灾日"，2008 年这一天，汶川大地震发生，造成严重损失。地震发生后，国家有关部门要求对全国重大高坝工程在极端地震下可能导致库水失控下泄的严重次生灾变进行校核和防御，位于此次强震区汶川县境内岷江支流上的沙牌拱坝无疑是重中之重。对其震情进行检验的过程充分诠释了敢于质疑、勇于突破传统认识的束缚和发扬科学精神对形成新知的重大意义。

　　引发汶川 8 级大地震的龙门山断层，虽然震中在汶川，但破裂延伸达 300 千米、历时超 100 秒，灾情最重的是位于震中东北的北川地区。对邻近断裂的紫坪铺、沙牌等 100 米以上高坝的地震影响，充分显示了极端地震具有的"近场大震"的"面源"发震机制和波动特征。但目前大坝的抗震设计中，坝址地震动输入的确定都是限于传统的"点源"发震机制和振动特征。

　　当前，国内外混凝土坝的地震响应分析，仍基于传统的线弹性结构力学的振动问题，对坝体结构的强度和抗滑稳定分别采用针对设计临界阈值的安全系数的校核，根本无法反映其在地震作用下损伤、破坏过程和判定其发生灾变的定量准则。

　　由于沙牌拱坝曾是世界最高的碾压混凝土拱坝，且汶川地震时，接近于满库蓄水，再加上位于地震烈度远超过其设计值的强震区，其抗震安全曾备受关注。但震后放空水库后，经国内外专家赴现场详尽调研和考察，证实坝体完好无损。这样的结果是传统分析方法完全无法解释的。

　　要做到尊重实践，对客观结果做出合理的解释，必须敢于质疑并突破传统认识，必须改变"结构分析精细、输入和抗力粗放"的混凝土坝抗震研究的传统观念。工程的需要驱动我们团队着力于创建新理念和新方法，把场址地震动输入、结构体系地震响应分析、混凝土材料动态抗力这 3 个不可或缺、相互配套的交叉学科进行综合研究。

　　正是不盲从，敢于对传统认识提出质疑和挑战，我们才创建了一整套大坝抗震的新理论体系并接受实践检验。对沙牌拱坝体系在汶川强地震作用下的地震响应分析表明，除了邻近坝踵的地表岩体中，有局部向下的开裂外，坝体本身完好无损，完全验证了震情实际状况。

此外，我们还按这套理论和方法，对印度遭受 1967 年强震的震情进行了检验。对相关大坝的震后检查表明，坝体在下游坝面转折的部位，产生了贯穿上下游面的裂缝。但坝基的扬压力监测数据未见变化。通过对坝基钻孔取芯的分析发现，坝体和地基的接触面完好，显示坝体的坝踵部位并未开裂。仅在震后坝基渗流量有所增加，但随后逐渐趋于正常，反映了地震时，坝基岩体开裂及随后经淤砂充填的状况。我们根据坝基实测地震加速度的验算结果，也完全验证了该坝的震情实况。充分说明所创建的一整套大坝抗震的新理论体系是经得起实践检验的。

对身负大坝工程抗震安全的科技人员来说，每次大地震，都是对我们认知的检验，需要在震情的启迪下，认真总结、敢于对成规和传统进行质疑和突破、勇于改革和创新。

抗震研究要快马加鞭
期待更多更大成果

坝工技术成就大型综合水利工程，造福全球。我国人均淡水资源短缺，时空分布又很不均匀，建设水库大坝等水利工程，尽可能调节利用汛期洪水，对抗旱防洪有着重大的意义。同时，作为水能资源最为丰富的国家，我国在水电开发方面潜力巨大，可以将其作为重要的可再生的清洁能源，绿化国家能源结构，助力实现"碳达峰"和"碳中和"目标。

我国大江大河的源头和水能资源多集中在西部崇山峻岭的陡峻河谷中，那里的地形地质条件适宜修建移民淹地相对较少而调节性能好的高坝大库。我国的高坝以混凝土坝为多，特别是西部在建和拟建的 200 米至 300 米级的高坝，绝大部分采取拱坝方案。西部地区是我国主要地震区，地震的强度和发震频度都很高，近代以来，我国超过八成的强震都发生在那里。水工混凝土结构中大坝的抗震安全，一直是我国水利水电建设中着力突破的关键技术。

鉴于高坝大库在遭遇各类灾变特别是震灾后的次生灾害后果不堪设想，关系到"人民至上""生命至上"的重大原则，我们必须警钟长鸣，一刻也不能掉以轻心。工程抗震涉及诸多学科，尤为复杂。地震预报更是尚待解决的世界性难题。作为该领域内耕耘了60余年的老兵，我深感大坝抗震安全的研究仍要快马加鞭。

当前，无论从建设规模、设计经验、施工实践还是科研进展看，我国已是大坝工程建设大国。我认为，我国的坝工科技界，应当也完全有能力担当起对大坝设计理念和方法进行突破传统、追踪前沿的改革重任，进一步确保工程安全。我希望与国内外同行进行更多更深入的交流切磋，精诚合作，携手取得更多更大创新成果，进一步降低高坝大库的风险，提高安全保障能力，让"坝工中国"成为更闪亮的名片，让坝工技术更好造福中国和世界。

知识拓展：

　　沙牌碾压混凝土拱坝位于中国四川省汶川县境内岷江一级支流草坡河上，坝址距成都市约 136 千米。坝高 130 米，为 20 世纪末世界上在建最高的碾压混凝土拱坝。水库正常蓄水位为 1866 米，死水位为 1825 米，总库容 0.18 亿立方米，具有季调节性能。坝址处于四川盆地西北部边缘，河谷狭窄，大致呈对称 V 形，下游左、右岸分别为凹形坡和条形山脊。坝体采用高掺粉煤灰 C22 碾压混凝土，该碾压混凝土具有高抗裂能力。

　　拱坝碾压混凝土共 38.3 万立方米，是中国 1990—2000 年重点科技攻关依托工程，为建设坝高百米级碾压混凝土拱坝积累了设计、科研、施工经验。

陈佳洱

（张武昌绘）

"1964 年 10 月 16 日晚上，我连夜赶到中国驻英国大使馆询问情况。当得到肯定的答案后，我高兴得跳了起来。"

我叫陈佳洱，是核物理学家、加速器物理学家、教育家，中国科学院院士；曾任北京大学校长、国家自然科学基金委员会主任。

科技人生轨迹：

▌ 1934 年 10 月　出生于上海市

▌ 1950 年　就读于大连工学院（即大连理工大学）

▌ 1954 年　毕业于长春东北人民大学（现吉林大学）物理系

▌ 1963—1965 年　在英国牛津大学核物理和卢瑟福高能研究所进修

▌ 1982—1984 年　赴美国石溪大学和劳伦斯伯克利国家实验室任访问科学家

▌ 1993 年　当选为中国科学院数学物理学部委员（院士）

▌ 1996—1999 年　任北京大学校长

▌ 2001 年　当选为发展中国家科学院院士（第三世界科学院院士）

▌ 2004 年　任中国科学院研究生院物理科学学院院长

为中国梦提供强大的科技支撑

陈佳洱

扇形聚焦回旋加速器

原子弹

基础研究

创新型人才

厚积薄发

在 2018 年的两院院士大会上，习近平总书记指出："中国要强盛、要复兴，就一定要大力发展科学技术，努力成为世界主要科学中心和创新高地。"这既是习近平总书记代表党中央向广大科技工作者发出的号召，也表达了我们科技工作者的心声！

只有科技强大
才能挺直腰杆

回顾历史，从鸦片战争到新中国成立前的 100 多年间，中华民族陷于深重的苦难之中，受尽世界列强的欺凌，而科技落后是造成被动挨打的主要原因之一。

我的亲身经历让我深刻认识到，中国如果没有强大的科技能力，就无法走向繁荣富强，也不可能真正赢得国际社会的尊重。

1963年到1966年初，我在英国做访问学者，进行扇形聚焦回旋加速器的研究。到英国后不久，我就通过不懈努力，成功使加速器中心区的束流传输效率突破了当时的纪录，赢得英国同事的赞誉和尊敬。但他们并没有因此改变对中国的固有印象，时常问我一些令人哭笑不得的问题。例如，有同事问我："你在这里的研究工作做得很好，这个加速器的磁铁你要不要带回去，以便回国后能有条件继续开展研究？"我回答说，我们国家有能力制造这样的磁铁，但是英国同事就是不信。

1964年，一件让中国人扬眉吐气的大事发生了。我清楚地记得，那是在10月16日晚上，当地电视台突然中断了英国大选竞选宣传节目，屏幕上插播一则突发新闻，赫然就是"中国今天爆炸了一颗原子弹"。这一消息让很多英国人震惊不已，有些朋友向我打听该消息是否属实。对此，我也吃不准，于是就连夜赶到中国驻英国大使馆询问情况。当得到肯定的答案后，我高兴得跳了起来。

第二天中午，我到饭厅就餐时，明显感觉到英国同事的态度悄然间发生了变化，对我这名中国科技工作者平添了敬意。显然，英国方面确认了那则消息的真实性。事实正是如此，据了解，英国哈威尔的原子能部不仅测到了此次爆炸尘埃，而且发现中国成功试爆的是铀弹，而不是他们之前猜测的钚弹。这表明，新中国的核工业体系已建立起来。

原子弹试爆成功，为我们赢得了英国友人发自内心的尊敬，连给我看牙的医生都说："你们中国了不起！"这让我倍感光荣，不论走到哪里，腰杆子都挺得更直了。

只有弘扬先进的创新文化
才能引领科技进步

中华民族曾以高度的智慧和能力，通过各种各样的发明创造，为人类文明的发展作出过卓越贡献。在 16 世纪之前，中国在相当长的历史时期，始终处于人类文明领先的地位，尤其是在科技发展方面，是先进的，甚至是引领性的。但是我们必须清醒认识到，中国古代科技是技术应用体系，与现代科学相比，有根本缺陷：还没有在系统试验的基础上，通过"由表及里""去粗取精"上升到对自然界普遍规律的理性概括；还不能定量地表达客观世界的运动规律，进而精确预言客观物体的未来状态。

那么为什么现代科学没有发源于中国，而是诞生于近代欧洲呢？对此，科学界众说纷纭。在我看来，最主要的原因之一是中国古代文化往往追求发明创造的实用意义，而止步于应用；缺乏对客观真理不懈探求的精神，失去了建立理性思维体系的动力。

虽然科学研究与技术研究乍看起来没有什么差别，但实质则大不相同。技术研究的动机与目的全在于应用，而科学研究，特别是基础研究，则要求深刻地认识和掌握客观世界的基本规律，以求真、求知和追求客观真理为目标。

基础研究的使命在于，揭示和探索大自然的基本规律和发展认识客观世界的方法和能力。"认识世界"的探索研究虽然一开始并不能显示出其潜在价值，但是经过必要的积累和发展，就可以转化为"改造世界"的实践，就能开辟出崭新的工程与技术领域，如核能、激光、计算机、信息网络、人工智能、航空航天和现代医疗技术等，为人类的生存和发展开拓新空间，创造新需求。

习近平总书记指出："基础研究是整个科学体系的源头，要瞄准世界科技前沿，抓住大趋势，下好'先手棋'，打好基础、储备长远，甘于坐冷板凳，勇于做栽树人、挖井人，实现前瞻性基础研究、引领性原创成果重大突破，夯实世界科技强国建设的根基。"这不仅明确了基础科学的重要意义，而且指明了建设科技强国的道路。

现代科学发展史清楚地表明，发展基础科学的首要动力来自科技人员对探索和揭示未知规律的热情、对于认识客观真理的坚持和追求，更来自对民族和国家科技进步的使命感和责任感。只有树立了崇高目标，获得了充足动力，才能着眼长远，瞄准科学技术相关领域中的重大问题，"甘于坐冷板凳，勇于做栽树人、挖井人"，克服各种困难，通过艰苦卓绝的不懈奋斗，做出重大成就。

文化是科学与技术发展的灵魂，只有弘扬社会主义先进文化，才能让人们从思想深处树立社会主义核心价值观，顺应科学技术自身发展的规律，使我国的科学研究走上持续、和谐发展的康庄大道；只有营造良好的创新文化氛围，才能源源不断地培育出优秀的科技人才，产生自主创新的科技硕果。以先进的创新文化引领科技进步，已成为一个国家或地区进入创新型国家或地区的必由之路。我们应该大力传承中华文化中注重整体、辩证思维、和谐包容等优良传统和"天人合一"等思想理念，这些是维系中华民族生生不息的宝贵财富；同时也要学习西方文化中追求以对客观世界的认识、求知为原动力的理性探索和普遍规律的概括，强调实证的、精细定量的研究方法。

我们要倡导淡泊名利、潜心研究、严谨治学、献身科学的好风尚，克服急功近利的倾向；鼓励勇于创新、大胆质疑、宽容失败、敢为人先的拼搏精神；坚持"百花齐放、百家争鸣"的方针，提倡平等的学术批评和争论；我们要营造"尊重知识、尊重人才、尊重创造"的社会文化大环境，"尊重科学研究灵感瞬间性、方式随意性、路径不确定性的特点，允许科学家自由畅想、大胆假设、认真求证"。我们要高度重视科学伦理道德的建设，反对任何形式的科学不端行为，正确预判和防范科学与技术进步可能带来的社会风险，做到防患未然。

总之，我们要弘扬尊重科学、鼓励科学家探索未知规律，求真、求知，追求真理的科学文化。

只有补齐创新型人才短板
才能占据科技创新优势

习近平总书记强调，"人才是创新的第一资源。""谁拥有了一流创新人才、拥有了一流科学家，谁就能在科技创新中占据优势。"可见，我们要补基础科学的短板，首先就要补创新型人才的短板。为此，我认为要扎实做好以下工作。

第一，要着力推进教育与基础研究的结合，改革研究生培养机制，加强和改进博士后制度，切实提高研究生和博士后质量，加强各层次青年人才培养，保证基础研究队伍的源头供给。正如习近平总书记所指出的那样，"放手使用优秀青年人才，为青年人才成才铺路搭桥，让他们成为有思想、有情怀、有责任、有担当的社会主义建设者和接班人"。

第二，整合和优化国家层面各类杰出人才培养和选拔计划，加强创新群体和团队基地建设，造就一批具有世界影响力的一流的科学家。

第三，大力吸引海外优秀专家学者特别是华人专家以各种方式服务中国基础研究。

第四，营造良好的用人环境。坚持竞争激励与崇尚合作相结合，促进人才的有序流动；坚持"人尽其才"的用人之道，发挥老、中、青人员各自的优势与积极性，实现基础研究人才队伍的"生态"平衡。

第五，改进管理，切实为科学家减负，确保科学家 特别是学术带头人能集中精力长期潜心研究。

第六，高度重视和加强高技能科研辅助人才——工匠和科学管理人才的培养。

同时，还要"创新人才评价机制，建立健全以创新能力、质量、贡献为导向的科技人才评价体系，形成并实施有利于科技人才潜心研究和创新的评价制度。要注重个人评价和团队评价相结合，尊重和认可团队所有参与者的实际贡献"。

只有加大基础科研力度
才能实现厚积薄发

此外，完善促进基础研究的发展环境保障也是十分重要的一个方面。基础研究的一个显著特征是厚积薄发，其前景往往难以预测，需要在宽松环境下长期积累才能取得重大成果。诺贝尔奖获得者丁肇中先生为了测量电子的半径，检验量子电动力学的正确性，前后花了 20 年时间。可见，对基础研究而言，长时间稳定的投入是良好发展的基础。今天对基础研究的投入和支持，是日后占领未来高技术发展制高点的基础。

基础研究投入的来源主要是中央财政，通过中央财政的投入带动企业或其他社会投入，这种投入应该是持续的、稳定的。与发达国家相比，我们国家对基础研究的投入太低。一般发达国家对基础研究的投入平均占国家研发总投入的 15% — 20%，而我们国家长久地徘徊于 5%。虽然近年来增至 6%，但仍有较大差距。这一点应引起有关部门的高度重视。

为确保资金投入的有效利用，应注意对基础研究经费的优化配置。一方面，要正确处理面上的自由探索性研究和导向性重点研究之间的关系和比例，使两者相互促进，协调发展，还要根据国情确定研究活动、人才培养、基础设施、科研基地等方面的适当比例。另一方面，要有直接投入研究型大学和国家级研究机构的科研事业费，保障学术带头人使用科学事业费的自主权，以培育各自的学术特色，稳定研究队伍和方向，巩固和建设研究基地。在此基础上，必须注意各个资助部门及各类研究计划与项目之间的协调和配合，防止一项研究通过多种包装，多头申请，多头交差。

经过几十年奋斗，中国经济总量已位居世界第二。然而从科学技术这一国际竞争力的核心要素来看，自新中国成立以来，我们的科技水平与创造能力有了长足的发展，但与美国等西方发达国家相比，还有相当大差距，仍然受到巨大的压力。

今天，我们迎来了世界新一轮科技革命和产业变革同我国转变发展方式的历史性交汇期。机遇难得、时不我待，我们一定要奋勇拼搏，只争朝夕，大胆冲破阻碍知识创新的各种束缚，进一步解放和激发中华民族的创新能力，加快建设科技强国，为实现中华民族伟大复兴的中国梦提供强大的科技支撑。

知识拓展：

　　要想了解物质的微观结构，首先要把它打碎。粒子加速器就是用高速粒子去"打碎"被测物质，让正负电子在运动中相撞，可以使物质的微观结构产生最大限度的变化，进而使我们了解物质的基本性质。它是探索原子核和粒子的性质、内部结构和相互作用的重要工具，在工农业生产、医疗卫生、科学技术等方面也都有重要而广泛的实际应用。日常生活中常见的粒子加速器有用于电视的阴极射线管及 X 光管等设施。

　　粒子加速器对于探索微观世界奥秘、推动科学技术发展、促进相关产业进步以及助力医疗等领域有着至关重要的意义。

戴金星

（张武昌绘）

"勤能补拙，面
对困难，我向书籍
求教。"

我叫戴金星，是天然气地质与地球化学家，中国科学院院士、国际欧亚科学院院士，中国石油勘探开发研究院教授级高级工程师。我提出"煤系是良好的工业性烃源岩"理论，开拓了中国煤成气开发研究工作；提出煤成烃模式、各类天然气藏鉴别方法、天然气藏模式及大中型气田富集规律，被誉为"中国天然气之父"。

科技人生轨迹：

▌ 1935 年 3 月　出生于浙江省瑞安县

▌ 1956—1961 年　就读于南京大学地质系大地构造专业

▌ 1961 年　被分配到石油工业部北京石油科学研究院

▌ 1962 年　被分配到江汉油田勘探处（今江汉油田）的生产一线

▌ 1972 年　在中国石油勘探开发研究院从事天然气地质与地球化学研究

▌ 1993 年　被国务院学位委员会批准为博士生导师

▌ 1995 年　当选为中国科学院院士

▌ 2012 年　当选为国际欧亚科学院院士

为国争"气"壮山河

戴金星

煤成气理论

地质梦

油型气

煤成气

跨越和突破

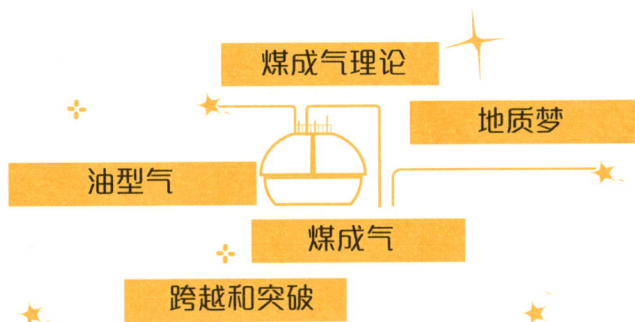

我的地质梦始于小学五年级。记得在一节地理劳作课上，我用石膏板制作的全国煤矿和铁矿分布图赢得老师的称赞，我的兴奋、自豪之情油然而生，"为国找矿"梦想的种子也开始在心中萌芽生长。1950 — 1956 年，我正值中学时期，新中国刚刚成立，百废待兴，大规模建设急需矿产资源。彼时，李四光地质事业取得丰硕成果并在社会上产生广泛影响，彰显地质工作者风采的《勘探队员之歌》响彻中华大地。"是那山谷的风，吹动了我们的红旗，是那狂暴的雨，洗刷了我们的帐篷……"，歌词中的豪迈气概给予我深刻启迪和激励，我开始广泛涉猎地质科普读物，熟悉火山岩、沉积岩、矿物、化石、褶皱等术语，思考地质领域的问题，并时常向就读于地质学院的学长请教。后来，学长赠我金闪闪的立方晶体黄铁矿、玲珑剔透柱状石英和鱼化石。我如获珍宝、爱不释手，投身地质的理想更明确、更坚定。

高中阶段，同学之间时常聊将来选大学专业的话题，我就鼓励大家学地质，为国家找矿。班级活动时，我有意组织大家唱《勘探队员之歌》。记得有一次，我把学长送我的金闪闪的立方晶体矿物拿到班级，请同学们猜是什么矿物，大家都说是金矿，当我揭晓正确答案时，他们都很诧异、好奇，有感于地质奥秘无穷。或许是受我带动影响，全班49名同学中有8名考上大学地质专业。

1956年，我以第一志愿考入南京大学地质系。一入学，我就如鱼得水，勤学勤读。大学期间，我修了普通地质学等18门地质课程，其中16门成绩为优，2门为良，毕业论文也获得优评。大二期间，我响应国家年产1070万吨钢号召，去福建建瓯、邵武山区，做找矿和地质填图方面的工作。其间，我真切感受到地质工作艰苦异常，不仅要直线穿行高过人的连片茅草地，脸手被草叶割得伤痕累累，而且还会遭遇野兽。记得有一次，我与同伴在武夷山东麓遇到豺，其他同事在野外曾与华南虎对峙。我们苦中作乐，笑对人生。对那段经历，我曾作一首打油诗："山岳为书本，化石是文字。惟为神州好，立意读天书。"

1961年8月，我大学毕业后被分配到石油工业部科学研究院。几个月后，我被安排到江汉油田锻炼。由于我本科专业是大地构造，没学过石油领域课程，工作难度很大。但是，勤能补拙，面对困难，我向书籍求教。7年间，我几乎把油田小图书馆里油气专业书籍都看了一遍。对这段勤学时光，我曾以《读赞》为题作了首打油诗："书刊为粮，钢笔为筷，读好书，三天三；摘记似林，资料如山，好读书，永无闲。"通过阅读分析，我逐渐认识到，无论是中国，还是世界上其他国家，都是先重视石油勘探开发，石油产量高，研究人员多；天然气则滞后，产量低，研究人员少；只有选择天然气专业，与别人站上同一起跑线，才能实现超越。

1972年初，我奉命被调回北京，到新建的中国石油勘探开发研究院工作，有了专攻天然气研究的好条件。当时石油界"重油轻气"，为了扭转在勘探和研究上"油旺气弱"的局面，我决定系统调研国内气田、系统取气源岩样、系统取气样、系统掌握产气大国天然气地质、系统熟悉国外大气田成藏条件和系统精读世界著名天然气学者代表作。

经过8年拼搏，我基本完成了上述六大任务，获得了海量第一手数据和资料，实现研究跨越和突破。1979—1980年，我发表了以《成煤作用中形成的天然气和石油》《我国煤系含气性初步研究》为代表的中国煤成气理论论文，指出煤系成烃以气为主以油为辅，是好气源岩，能生成大量煤成气。含煤地层是天然气勘探新领域，突破了传统认识，即油气均由含大量低等生物的地层形成，称油型气，仅以油型气理论指导勘探找气，不去勘探煤成气。这些重大创新成果推动中国天然气勘探理论从"一元论"（油型气）发展为"二元论"（油型气和煤成气）。

1978—1980年，在我的建议下，当时的国家计委和国家科委召开了煤成气座谈会并启动煤成气研究，座谈会的召开成为推动该领域发展的重要标志性事件。1981年11月，我主笔的《煤成气概论》报告得到时任中共中央总书记胡耀邦批示。由此，国家决定把《煤成气的开发研究》确定为"六五"国家重点科技攻关项目，我有幸担任"六五"至"九五"国家天然气和大气田4次项目的主要技术负责人，获得大量第一手数据，继续研究建立了"中亚煤成气聚集域""亚洲东缘煤成气聚集域""天然气鉴别""大气田富集六个主控因素"理论。这些理论为中国加速天然气勘探和开发提供了战略支撑。

1978 年，中国探明的天然气储量仅为约 2200 亿立方米，年产气约 130 亿立方米。2018 年，中国探明的天然气储量超 15 万亿立方米，年产气约 1600 亿立方米。40 年间，中国探明的天然气储量、产量、人均储量和用国产气量，分别提高了 66.5 倍、12 倍、40.6 倍和 7.3 倍。中国从贫气国跃升为世界第六大产气国。

中国天然气资源丰富，探明的天然气储量和天然气产量将持续提升。"十四五"期间，中国天然气工业继续迎来重要发展期，预计天然气产量当量将超过石油。2025 年，中国天然气产量预计将达 2400 亿立方米，2035 年，预估产气量将达 3400 亿立方米。

知识拓展：

　　煤成气又称煤型气、煤系气。指成煤环境下形成的沉积物（含煤建造及亚含煤建造）在煤化作用过程中热成因形成的天然气。煤成气是由聚集有机质在成煤作用过程中逐渐煤化或演化产生的。从煤化作用阶段、方式和甲烷生成机理考虑，煤成气的生气机制有生物成因和热成因两种。煤成气生成后主要赋存于含煤沉积的各类储层中，亦可运移到非煤系储层中。

　　研究煤层气在增加清洁能源供应、优化能源产业结构、减少温室气体排放、改善煤矿安全生产条件以及带动相关产业经济发展等方面具有不可忽视的重要意义。

欧阳自远

欧阳自远先生
嫦娥之父
武昌画于首师大
子记

（张武昌绘）

"我虽然已经84岁了，但还会加倍努力，为中华民族的伟大复兴和建设科技强国作出贡献。我们要仰望星空，脚踏实地，上下求索，实现梦想！"

　　我叫欧阳自远，是天体化学与地球化学家，中国月球探测工程首席科学家，中国科学院院士、第三世界科学院院士、国际宇航科学院院士；曾获全国科学大会奖，国家与中国科学院自然科学三等奖、一等奖等。

科技人生轨迹：

▌ 1935 年 10 月　出生于江西省吉安市

▌ 1952—1956 年　在北京地质学院矿产勘探系学习

▌ 1956 年　在北京地质学院攻读地球化学专业研究生

▌ 1957—1960 年　中国科学院地质研究所矿床专业副博士研究生

▌ 1960 年　在中国率先系统开展各类地外物质（陨石、宇宙尘、月岩等）和比较行星学研究

▌ 1976 年　领导全国性联合科学考察组对吉林陨石进行综合研究

▌ 1991 年　当选为中国科学院学部委员（院士）

▌ 2004 年　被任命为中国月球探测工程首席科学家

时刻响应国家号召

欧阳自远

天体化学

月球探测

比较行星学

地外物体撞击地球

生物灭绝

1952年，我高中毕业，正面临专业方向选择。国家号召青年学子投身矿产资源和能源开发，去唤醒沉睡的高山，让它们献出无尽的宝藏。我被深深打动了，决心报考地质。虽然没有遵从父母让我学医的意愿，但还是获得了他们的理解与支持。之后，我考入北京地质学院矿产勘探系。

经过4年学习，我积累了矿产勘探和地球科学专业知识。1957年，苏联发射了第一颗人造地球卫星，拉开了人类空间时代的序幕，这给了我极大震撼，觉得如果用人造卫星找矿效率会大大提高。1958年，美国和苏联出于冷战的需要，开始进行月球探测，展开了一场激烈的经济、科技和军事的竞争。

　　我坚信，中国一定会走进空间时代，决心为此做好准备。从1958年开始，我系统分析研究美苏探测月球的计划、方案、目标、实施步骤和探测成果，紧密结合中国实际思考中国空间探索之路并把研究陨石作为空间探索的起点，与志同道合的专家们一起逐步把研究拓展至宇宙尘埃等领域。

　　1992年，中国载人航天立项，我们认为，中国有能力开展月球探测，请求国家组织专家评审论证。

　　相关部门要求我们首先进行"中国开展月球探测的必要性与可行性研究"，从1994年至2003年，经过多次论证，该项目得到专家一致同意和支持。

　　2003年，由孙家栋和我来负责编写《中国首次月球探测立项报告》。2004年1月，国务院批准了我们的第一期绕月探测立项，并正式命名为"嫦娥工程"，我被任命为中国月球探测工程科学应用首席科学家。

　　中国的月球探测工程相继成功发射了嫦娥一号、嫦娥二号，实现了绕月探测，嫦娥三号和嫦娥四号实施月球正面和月球背面的落月探测，取得了一系列创新性探测成果，在一部分领域处于国际领先地位。

　　下一步，我们要完成月球取样返回，去探测火星、木星、木星系统、小行星和彗星，进行行星际的穿越探测，建设月球科研基地。中国已经进入了深空探测的新时代。

　　除了空间领域之外，我还承担过一项特别重大的任务。由于我在中国科技大学进修核物理一年，在中国科学院原子能研究所做实验半年，因此当时国防科委的领导找我谈话，通知我要承担一项国家的重大任务。他说："根据你学习的基础，首先要解决选场问题，中国地下核试验区要选择一个地方做。第二，关于地下核试验的过程和影响，你们要做模拟实验。最重要的一个问题，地下核试验以后，放射性物质不能泄漏更不能污染当地的地下水，不然我们将成为历史的罪人。"

接受这样艰巨的任务后，我们踏踏实实地开展工作。经过数年努力，我们选定的地下核试验场通过论证，各项实验取得丰硕成果，防治各种放射性污染的措施也十分有效，提交了十几份研究技术报告，经 1969 年中国的第一次地下核试验验证，获得圆满成功。

习近平总书记提出："科技创新、科学普及是实现创新发展的两翼，要把科学普及放在与科技创新同等重要的位置。"我觉得做好科学研究是我的天职，提高广大公众的科学素质也是我义不容辞的责任。

我自己有一个统计，2008 年至 2018 年间，我一共进行了对各类型公众的科普报告 617 场，现场听众 35.3 万人；平均每年举行的科普演讲报告 56 场，平均每年的现场听众 3.2 万多人。

我尝试将科普报告与新媒体相结合，一场报告的网上听众有 20 万—80 万人次。这些年，我一共撰写和主编的科普书籍 12 部，撰写和接受媒体采访的科普文章 300 多篇。

我自己感到很幸运，是国家的重大需求引导和培育我成长，也塑造了我的人生，我内心充满了感恩，感谢我们伟大的祖国！

我虽然已经 84 岁了，但还会加倍努力，为中华民族的伟大复兴和建设科技强国作出贡献。我们要仰望星空，脚踏实地，上下求索，实现梦想！

知识拓展：

中国探月工程，又称嫦娥工程，是中国实施的月球探测工程。

中国探月工程初期规划为绕、落、回三期。绕：2004—2007年（一期）研制和发射首颗月球探测卫星，实施绕月探测。落：2013年前后（二期）进行首次月球软着陆和自动巡视勘测。回：2020年前（三期）进行首次月球样品自动取样返回探测。后期启动的中国探月工程四期，实现月球背面软着陆及采样返回，规划构建月球科研站基本型，开展月球环境探测等任务。2024年6月25日，嫦娥六号发射并采样返回。

中国探月工程取得的进展使中国成为继美国、苏联之后世界上第三个月球采样返回的国家。

刘嘉麒

（张武昌绘）

"我在旧中国生，新中国长，经历了旧社会的苦难，感受了新中国的巨变。从事地质工作60余载，我跑遍了神州大地和全球的七大洲、四大洋，用脚步丈量了地球，把一生献给了地质科学事业。"

我叫刘嘉麒，是火山地质与第四纪地质学家，中国科学院院士，中国科学院地质与地球物理研究所研究员、原所长；世界自然遗产中国专家委员会主任，中国地质学会旅游地学与地质公园研究会副主任；国际单成因火山作用委员会联合主席；曾获得国家自然科学奖二等奖、国家科学技术进步奖二等奖等。

科技人生轨迹：

▌ 1941 年 5 月　出生于辽宁省丹东市

▌ 1960—1965 年　在长春地质学院（现吉林大学）地质系地球化学专业就读，获学士学位

▌ 1978—1981 年　在中国科学技术大学研究生院地质年代学专业就读，获硕士学位

▌ 1982—1986 年　在中国科学技术大学研究生院暨中国科学院地质研究所地层古生物专业就读，获博士学位

▌ 2003 年　当选为中国科学院院士

以天地为己任　把山川作课堂

刘嘉麒

科技创新

玛珥湖

火山岩

玄武岩

新型绿色材料

时光荏苒，岁月如梭。不知不觉我已从始龀娃娃变成伞寿老人。虽然时光流逝不复返，但是旧影永存，往事难忘。

如何让有限的人生成就更高的价值？我认为关键在于不迁延日月，不虚度光阴；既要壮志满怀，又要脚踏实地、自强不息、奋斗不止。

我在旧中国生，新中国长，经历了旧社会的苦难，感受了新中国的巨变。从事地质工作 60 余载，我跑遍了神州大地和全球的七大洲、四大洋，用脚步丈量了地球，把一生献给了地质科学事业。

走遍中国　勇闯天涯

地质工作以山川为课堂，揭宇宙之奥秘，探地球之宝藏，必须与大自然打交道，进行广泛的野外考察。60年来，我走遍了祖国的山山水水，从黑龙江到海南岛，从喀喇昆仑到东海之滨，足迹遍及31个省份和港澳台地区。

我曾多次闯入长白山、大小兴安岭、东西昆仑、可可西里……到过许多人迹罕至之地，发现许多未知的地质遗迹、地质现象，采集了许多宝贵的样品，掌握了许多第一手资料，这为相关领域的研究提供了有利条件。通过实地考察，我深刻认识到，我国是地球科学的天堂，拥有丰富多彩的地貌景观和无与伦比的地质遗迹。比如青藏高原，作为"世界屋脊"，它是名副其实的地质遗迹天然博物馆，是创新地球科学的"摇篮"；再比如从东北到新疆的大片国土，囊括了高山峻岭、火山冰川、沙漠黄土、湖泊平原……多元的地质载体提供了丰富的研究课题。

科学无国界，地球科学更是如此，要解决重大地质问题，必须坚持全球视角。不像数理化那样，只要理论推导和实验验证成立，相关命题即可确立，地球科学的相关问题和科学理论必须在其他地方能够找到例证和验证，才能提出或建立，因而高度重视调查研究和实践。这就要求研究者必须具备开阔的视野，树立全球观念。作为中国地质科学工作者，我高度重视并积极参与国际科技合作，参与了极地科考，曾两赴南极，三进北极；访问了近50个国家并与朝、韩、日、以、缅、俄、德、意、比、英、法、美、加、墨等国的科学家建立了长期广泛的合作关系。

在广泛、深入的国际地质科技合作中，我印象最深的有：与美国地质调查所合作，对美国西、中部近10个州及夏威夷群岛进行考察，实地观察了圣海伦斯火山和夏威夷火山喷发的情景，考察了黄石火山潜在的危险，并在那里的同位素定年实验室测定了中国年轻的火山岩年龄；在东北亚、西伯利亚和远东堪察加半岛考察，把中国、俄罗斯、朝鲜、韩国、日本等涉及东亚地区的地质问题密切联系起来，从全球角度探讨板块作用；在东非大裂谷考察，深入认识这一当今全球构造活动最活跃的地方，揭示其作为地球演化主角所蕴含的地质秘密。

在野外考察过程中，我无数次遭受大自然的洗礼和考验，在当年交通和通信条件很差的情况下，跋山涉水、风餐露宿是常态，应对狼、熊等野兽威胁，警惕山体滑坡、山洪、雪崩等自然灾害更是"必修课"。至今，我仍然清楚地记得曾遭遇的那些劫难：乘船去南极途中遭遇狂风巨浪，在青藏高原考察时发生严重高原反应，在西昆仑被洪水冲走，在埃塞俄比亚被40多摄氏度高温炙烤，在印度尼西亚喀拉喀托赶上地震和火山喷发……劫后余生，我庆幸不已，终生难忘。

开拓创新　学以致用

美国"原子弹之父"奥本海默说："一个人的净价值是他在同行中获得尊敬的总和。"创新是科技事业的灵魂，对于一名科技工作者而言，其价值无疑取决于他的创新成就在同行中获得的认可和尊敬。科技创新在我看来，就是在科技研究中"标新立异""无中生有"，做别人没做过或没做好的事，而我的科研生涯就是这样的历程。

从开始科研工作，我就投入到当时比较生僻的同位素年代学领域中，负责建成了吉林冶金地质研究所同位素实验室和新疆第一个放射性碳定年实验室。沿着这条路，我一直走下去，改进了中国科学院地质所钾氩（稀释法）定年实验室；完成了阿波罗号月岩样品（美方赠送）的硫同位素分析，率先成功进行了年轻火山岩的钾氩法定年，湖泊沉积物的铀系定年，黄土的热释光定年、碳十四定年；建立了黄土剖面 15 万年来高分辨率的时间标尺。其中的一些数据经受了美国地质调查所和澳大利亚国立大学权威实验室的检验，相关成果已被国内外同行广泛认可和采纳，成为行业内公共的历史性档案资料。

通过多年野外考察和实验室研究，我获得了丰富可靠的资料、数据，为理论深化与创新奠定了坚实基础。我据此确定了中国东部地区新生代火山活动的主要活动期和火山幕，确立了东亚大陆裂谷系，揭示了火山的岩石地球化学特征、活动规律和动力机制，指出青藏火山活动与高原隆升的密切关系，把中国的火山研究提高到国际前沿水平；把火山活动与气候变迁紧密联系在一起，提出构造气候旋回的新观点，强调火山活动是引起气候变迁的重要因素；在国内发现确立一批玛珥湖并为其命名，开拓了玛珥湖高分辨率古气候研究的新领域，使国际玛珥湖学术大会在中国召开，成为该研究领域的领头人。在黄土研究方面，我与同事一起最早发现黄土中游离的二氧化碳、甲烷等温室气体高度异常，揭示黄土在调节二氧化碳平衡和全球变化研究中具有特殊意义。

传统上，火山岩、火成岩被认为是油气勘探禁区，但我和同事通过对火山地质的研究，认为只要具备合适的地质条件，火山岩也可以成为储层，形成油气藏和油气田，从而使火山岩从过去寻找油气藏的禁区变为靶区。我们的"火山岩型油气藏的理论与开发"学术成果，为我国油气资源的勘探开发提供了强有力的科学支撑。

与此同时，我们把玄武岩开发成为一种新型"绿色"材料。

玄武岩是地球表面分布最广的火山岩石，但其利用价值一直很低。通过我们的多年研究和与企业开展的合作，这类岩石已被做成纤维和岩棉，再进一步加工复合成其他材料，制成各种用品，具有优良性能和广泛用途，在某些领域可以代替钢铁或碳纤维等材料，被认为是 21 世纪极富前景的新型绿色材料，能形成宏大的高价值产业。

我们的火山学研究成果为火山资源的保护与开发作出了重要贡献。在我们的建议、指导和策划下，我国已建立一批国家级、世界级的火山地质公园和火山监测站、火山研究所。我们在此领域的探索为加强火山研究、保护自然资源、发展地方经济、预防自然灾害等，发挥了重要作用。

艰苦求学　自强不息

1941 年 5 月，我出生在辽宁安东（现为丹东）的一个普通市民之家。5 岁时，我随家人回到故乡辽宁省北镇县（现为北镇市）。1948 年末，家乡解放。次年，我入读村小学。然而，不幸的是，父亲于 1950 年病故，母亲咬紧牙撑起家并支持我完成小学、初中、高中学业，后来我考入长春地质学院。由此，我便开始了长达 60 年的地质生涯。

1960 年，我入大学不久便赶上了国家经济困难时期，求学生活很艰苦，不过，我还是坚持了下来，5 年后以优异成绩毕业，通过考试，成为本校当年录取的 8 名研究生之一。

遗憾的是，入学不久，学业便被"文化大革命"中断，之后我被分配到辽宁营口地质队劳动锻炼。这对于从小就在农村干各种活的我来说，不算什么，我很快就与工人打成一片。1973 年，我被调到吉林冶金地质勘探公司研究所，担任同位素地质研究室主任，负责建成当时冶金部第二个同位素实验室，开展了钾氩年龄测定和氧、硫同位素分析。我的专业知识终于派上了用场。

1978 年，改革开放大幕开启，国家开始招收研究生了。我决心放手一搏，再考研究生，并幸运地考取了中国科学院地质研究所所长侯德封先生的研究生。

我再次获得研究生学习机会，把 40 岁当 30 岁过，全力把失去的时间补回来。我孤身一人赴京求学，克服了生活、学习中遇到的一切困难。犹记得，当时面对的最大挑战是英语"速成"，必须在一个学年达到一外水平。我此前一外学的是俄语，也学了些德语和日语，可从没学过英语，难度可想而知。我从 ABC 学起，经过一年没日没夜的强化，愣是与科班英语班的同学一样通过了同一张卷子的考试。这背水一战激发出的洪荒之力让我自己也吃惊不已，而通过强化获得的英语能力不仅使我顺利完成学业，还为后来自主进行广泛的国际学术交流，访问近 50 个国家打下了坚实基础。

1981 年，我以优秀成绩通过了学位论文答辩，获得了硕士学位，而后又考取了博士研究生。读博期间，我被派到新疆支边，在乌鲁木齐一干就是 3 年，建成了新疆第一个放射性碳同位素测年实验室并出色地完成了博士学位论文《论中国东北新生代火山活动与大陆裂谷系——火山岩地质年代学与地球化学方面证据》。被"中国矿物岩石地球化学学会"授予首届"侯德封地球化学奖"，被国家教委和国务院学位委员会评为"做出突出贡献的中国博士学位获得者"。

算起来，我的求学生涯长达 27 年半之久，一步一个脚印，攀登人生的阶梯。每一步背后既有自己的辛勤努力，也凝聚着师长亲友的关爱、支持。每念及此，我都满怀感激之情，特别是对穆克敏、侯德封、刘东生、鄂莫岚等谆谆教诲和辛勤培育过我的老师。

感恩回馈　奋斗不止

　　像我这样很小就失去父亲的穷孩子，如果没有他人的帮助，没有党和国家的救助和培养，就难以健康成长，更难成为对社会有用的人。我需要报答的恩人太多了，其中最大的恩人就是我们的党和国家。知恩图报是做人的基本品格。多年来，我把深深的感激之情化作报答的实际行动，努力学习，提高自己的专业能力，在做好科研本职工作的同时，积极投身教育、科普和咨询服务等社会公益事业，为国家富强和人民幸福贡献一份心力。

　　从 1984 年，我开始在中国科学院大学（前身是中国科技大学研究生院）给研究生授课，至今已有 37 载，主讲的《第四纪地质与环境》《火山学》《新生代地质年代学》等课程受到学生们青睐，选课和听课人数一直居高不下，座无虚席。所授课程多次被学校评为优秀课程，我本人也多次被评为优秀教师、杰出教师，获得"领雁金奖""朱李月华优秀教师奖""李佩教师奉献奖"。此外，我还在吉林大学、中国地质大学（北京）、河北地质大学、郑州大学等高校任兼职教授或特聘教授，把自己所学传授给更多学子。特别让我欣慰的是，我先后培养硕士、博士（包括留学生）、博士后超过 70 名，他们成长为国家栋梁之材，在专业岗位上发挥重要作用，其中一些人作出了突出贡献。

　　"希望广大科技工作者以提高全民科学素质为己任，把普及科学知识、弘扬科学精神、传播科学思想、倡导科学方法作为义不容辞的责任，在全社会推动形成讲科学、爱科学、学科学、用科学的良好氛围，使蕴藏在亿万人民中间的创新智慧充分释放、创新力量充分涌流。"习近平总书记曾这样勉励我们。我积极行动起来，把科普看作自己的分内职责，让自己掌握的科学知识最大限度地回馈给社会。2007年至2016年，我在担任中国科普作家协会理事长期间，与全国的科普作家一道，创作出一系列科普作品并开展了丰富多彩的科普活动，其中包括在全国各地做科普报告，每年达20余场。

我还通过中国科学院和中国工程院，参与了国家关于振兴东北、促进新疆跨越式发展、浙江沿海及岛屿新区开发、淮河流域环境与发展、矿产资源与能源等方面的战略研究，为国家和地方政府提供战略咨询服务献计献策。

"苍龙日暮还行雨，老树春深更著花。"人生的风景在于奋斗和奉献，我将忘却年龄，活到老、学到老、干到老，继续争分夺秒、风雨兼程。

知识拓展：

玄武岩是一种基性喷出岩，由火山喷发出的岩浆在地表冷却后凝固而成的一种致密状或泡沫状结构的岩石，属于岩浆岩。玄武岩是地球上最常见的岩石类型之一。

玄武岩以其耐用性和强度而闻名，成为建筑材料的理想选择，它具有耐磨损、耐腐蚀和防风化等特点，并能承受重载荷和高压。玄武岩不仅是生产玄武岩纸、石灰火山岩无熟料水泥、装饰板材、人造纤维的原料，还是陶瓷工业中的节能原料 。2024 年 6 月，五星红旗在月背升起。这面国旗是科研人员通过一年多时间攻关，利用玄武岩熔融拉丝技术制作而成的，它具有更强的耐腐蚀性、耐高温、耐低温等优异性能。

玄武岩不仅在建筑和工程领域有着广泛的应用，还在新材料开发、环保材料、地质学研究等多个领域展现出其独特的应用价值。

郑皆连

（张武昌绘）

"中国工程师要奋勇攀登、风雨兼程，把拱桥科技推向新的、更高境界，继续书写中华千年建桥传奇，打造更多当代桥梁经典，更好造福世界。"

我叫郑皆连，是中国工程院院士，广西大学土木建筑工程学院教授，首创多项拱桥施工工艺，主持建造了多项创世界纪录的拱桥工程；曾获 3 项国家科学技术进步奖、茅以升科学技术奖——桥梁大奖、李国豪原创桥梁技术奖；所主持的大桥项目相继荣获国际桥梁大会最高奖乔治·理查德森奖、中国土木工程詹天佑奖、中国建设工程鲁班奖等。

科技人生轨迹：

▌ 1941 年 7 月　出生于四川省内江市

▌ 1960 年　考入四川冶金学院

▌ 1962 年　因学校撤并，转到重庆交通学院（2006 年更名为重庆交通大学）桥梁与隧道专业学习

▌ 1965 年　毕业于重庆交通学院

▌ 1988 年　获中国国家有突出贡献的中青年科技专家称号

▌ 1991 年　经国务院批准享受政府津贴

▌ 1995 年　被评为中华人民共和国交通部（2008 年组建为中华人民共和国交通运输部）优秀科技人员

▌ 1999 年　当选为中国工程院院士

中国拱桥　世界跨度

郑皆连

拱桥

斜拉扣挂合龙松索法

无支架施工

钢管混凝土拱桥

广西平南三桥

　　天峨龙滩特大桥位于广西天峨县境内，是南丹至下老高速公路跨越红水河的一座大桥。该大桥所在河段两岸山岭高耸峻峭，水面宽度约 600 米，水深 160 米，年最大水位落差可达 45 米。

　　天峨龙滩特大桥全长约 2500 米，宽 24.5 米，双向四车道。其中，主桥为上承式劲性骨架混凝土双肋无铰拱桥，计算跨径 600 米。拱肋采用等宽变高的混凝土箱形截面，拱脚、拱顶箱高分别为 12 米、8 米，宽度均为 6.5 米；拱肋横向平行设置两片，中心间距 16.5 米，在对应每处拱上立柱位置（40 米间隔）的上、下游拱肋间设置一道混凝土箱形横联，全桥共 13 道，横联顶、底面张拉预应力以提高拱肋的横向稳定性，主拱肋及横联均采用高性能混凝土。主拱肋采用劲性骨架法施工。

每片拱肋的劲性骨架均为四管式钢管混凝土桁架，桁架上、下弦管均为高强度、高韧性和耐腐蚀性的钢管。弦管间的腹杆和平联杆均采用角钢焊接组合杆，以节点板的形式与弦管连接。拱桁弦管空中接头采用先外法兰接头栓接固定再管外焊接的形式连接。管内灌注一种自密实微膨胀混凝土。

劲性骨架的钢结构由两列钢管拱桁组成，共重 8150 吨，在桥位下游 6 千米的龙滩电站闲置土地建厂制造，形成 48 个安装单元，采用桅杆吊机吊上船，运至桥位，再采用缆索吊运斜拉扣挂工艺安装，安装单元最大吊重约 170 吨，并带上了浇注外包混凝土的底模板；拱肋外包混凝土采用分环分段方式浇注，每次由 8 台压力泵执行混凝土输送，同步浇注 4 个工作面，36 次完成拱桁外包混凝土浇注；桥道梁由预应力混凝土连续刚构及预应力混凝土连续 T 梁组成。

2023 年 3 月，以施工中的天峨龙滩特大桥为背景，由中国工程院和世界桥梁与结构工程协会联合召开世界大跨径拱桥建造大会，我作为会议主席作主旨报告，介绍了天峨龙滩特大桥的设计施工创新，获得国内外专家的高度评价。天峨龙滩特大桥主孔跨径 600 米，比国外最大混凝土拱桥跨径超出 210 米，比 2016 年建成沪昆高铁北盘江桥创造的混凝土拱桥跨径世界纪录一次性提高 155 米，相当于世界混凝土拱桥跨径 100 年增长量，与同桥位斜拉桥方案相比，刚度更大、耐久性更好、几乎零维护，造价还少了 1.25 亿元。

2020 年，项目业主指定我主持大桥设计施工技术工作。虽然我曾主持或指导建造了跨径 300 米级、400 米级的劲性骨架混凝土拱桥，但在全世界此前都没有 500 米级混凝土拱桥建造经验的前提下，建造跨径 600 米混凝土拱桥存在巨大风险。天峨龙滩特大桥于 2020 年 6 月开工，2024 年 2 月建成通车，在参建各方共同努力下，实现了零安全事故、质量全优、造价和工期不超的目标。

恰当选择钢管混凝土
劲性拱骨架强劲度

混凝土拱桥拱圈，是在钢管混凝土劲性拱骨架上挂模板浇注混凝土形成的，钢管混凝土劲性拱骨架在拱圈施工过程中起拱架作用，因此强骨架是降低拱圈施工风险的首选。但强骨架必然增加拱骨架的施工难度，降低拱桥的经济性，因此选择恰当强劲度的劲性拱骨架至关重要。我提出，以骨架钢桁质量与外包混凝土质量之比来表征骨架强弱。8座已建成的劲性骨架混凝土拱桥的该比值均在合理区间。

天峨龙滩特大桥拱肋劲性拱骨架钢材重8150吨，外包混凝土2.81万立方米，二者质量之比为1∶8.6，其比值较已建成劲性骨架混凝土拱桥均大，骨架钢料多用3000吨。即使这样，在灌注管内混凝土及浇注底板混凝土阶段主拱跨中挠度增长值，占外包混凝土浇注完成后总挠度值的60%，在外包混凝土包裹上弦钢管时，相关指标接近容许值。由此可知，钢骨架强劲度的选择是恰当的。

克服浇注外包混凝土过程中
产生过大的时程应力

劲性骨架混凝土拱桥拱圈的形成是一个自架设过程。首先，架设钢管混凝土劲性拱骨架；然后，分环浇注外包混凝土，一环混凝土浇注完成获得强度后，与钢管混凝土劲性拱骨架拱桁形成钢—混组合结构，承载能力和刚度得到提高，逐次完成各环混凝土浇注，逐次提高承载能力和刚度，直至完成混凝土拱圈。但值得注意的是，外包混凝土质量达劲性骨架钢管拱桁质量的 9—15 倍，因此浇注外包混凝土是劲性骨架混凝土拱桥施工最危险的阶段，不但加载重量大，而且加载时间长、加载次数多，每次混凝土浇注一旦失败，就难以补救。采用分环、多工作面、多次浇注，劲性骨架及已获得强度的外包混凝土会产生随时间而变的时程应力，该力有时会超过材料强度，所以要靠合理分环、多工作面同时浇注来对其进行控制。外包混凝土浇注完成获得强度后成为受力主体，钢管混凝土劲性拱骨架拱桁埋在混凝土内，增强混凝土拱圈的承载能力和韧性。

天峨龙滩特大桥拱肋外包混凝土 2.81 万立方米，分 3 环 8 个工作面，每次 4 个工作面同时浇注，共 36 次完成拱桁外包混凝土浇注。每次浇注外包混凝土 800 立方米左右，需要 7—10 个小时，由 8 台泵同时向 4 个工作面输送混凝土，在此过程中，使时程应力始终处于较低水平。这种控制浇注外包混凝土的时程应力方法由中国工程师发明，并在实践中不断完善、发展。

优化外包混凝土
配合比和施工工艺

劲性骨架混凝土拱桥拱圈外包混凝土从浇注到硬化过程中受到劲性骨架的多方向强约束，易产生收缩裂缝。解决强约束产生收缩裂缝问题最好的途径是掺入膨胀材料以抵消收缩，但应考虑胶凝材料的水化进程，采用适用于外包混凝土的膨胀剂，实现前期补偿收缩，后期不发生体积变形的效果。此外，在工作性能控制层面，应进行原材料均化，尽可能避免原材料差异导致的混凝土工作性能不稳定的问题；在泵送现场，实时调控混凝土工作性能，保障入模混凝土的稳定性、均匀性。

在施工过程中，应对混凝土内外温湿度进行控制，以减小温差应力、干缩应力，严格控制混凝土制备、运输、泵送、入模温度。在养护阶段采取外界覆膜保温措施，同步缩小内外温差。此外，对外包混凝土表面进行持续性喷水、喷雾保湿养护，以减少混凝土表面的干缩。通过以上措施，实现了天峨龙滩特大桥所有外包混凝土的良好浇注质量及抗裂效果，表面光滑密实无裂缝。另外，对浇注外包混凝土的模板进行了精细化设计、工厂化加工、半机械化安装，实现了国内外包混凝土浇注最短周期纪录，最大限度减小浇注混凝土块间龄期差。由此可见，天峨龙滩特大桥拱肋外包混凝土外加剂选取及浇注经验有普遍借鉴意义。

根据相关研究和实践
大幅度减少拱肋纵向配筋

现阶段，劲性骨架混凝土拱桥无设计施工行业规范、国家标准，拱圈纵向配筋参照相近规范。天峨龙滩特大桥拱肋外包混凝土强度等级为 C60 的高性能混凝土，国内外相近规范规定的全截面纵向最小配筋率为 0.6% — 1%，但未明确配筋率计算是否计入劲性骨架的纵向弦管。中国学者尧国皇等研究表明：纵向钢筋对劲性骨架混凝土拱圈截面承载能力及韧性的贡献远小于弦管，因此计算全截面纵向最小配筋率时，应考虑劲性骨架的纵向弦管；并且，只要考虑劲性骨架的纵向弦管，绝大多数劲性骨架混凝土拱桥能满足全截面纵向最小配筋率要求，纵向钢筋按构造需要配置即可。

鉴于现有相关理论不完善，天峨龙滩特大桥最终采用李国豪教授《桥梁结构稳定与振动》一书推荐的公式，计算力矩增大系数并按此力矩增大系数计算截面承载能力，得出结论：纵向只需配构造钢筋即可。我们通过进一步分析认识到，混凝土拱肋截面小偏心受压，其截面力学行为与预应力混凝土梁无异，而预应力混凝土梁纵向只配构造钢筋已成共识。

此外，已通车 26 年的劲性骨架混凝土拱桥万县长江大桥、邕宁邕江大桥的纵向配筋水平与天峨龙滩特大桥相当，至今拱圈混凝土无横向裂缝。因此，我认为劲性骨架混凝土拱桥拱圈如处于小偏心受压，劲性骨架弦管能满足规范最小含钢率要求，纵向按构造配筋即可。同时，横向宜加强普通钢筋，必要时张拉横向预应力防止混凝土纵向有害裂缝发生。

中国拱桥技术和经验
将造福世界

混凝土拱桥拱圈受力极为合理，耐久性好，但是重量大，每米拱圈质量是同跨径斜拉桥、悬索桥加劲梁的 5—10 倍，且呈曲线形，架设困难，费用高。1898 年，奥地利工程师约瑟夫·米兰提出了劲性骨架法，先架设仅为外包混凝土重量 1/10 甚至更轻的钢拱骨架，然后在其上挂模板，浇注外包混凝土，形成拱圈，国外使用此技术建设的混凝土拱桥最大跨径 260 米。中国工程师用钢管混凝土拱桁代替钢拱骨架，节省骨架一半用钢量，发明了分环、多工作面、多段浇注混凝土，降低施工中产生的时程应力，降低了建造风险和费用，建造了 11 座跨径大于 300 米的劲性骨架混凝土拱桥，包括跨径 600 米的天峨龙滩特大桥，远远走在世界前列。天峨龙滩特大桥建成后，经过荷载试验静力、动力性能良好，顺利通过交工验收，2024 年 2 月 1 日正式通车运营。2 月 15 日，天峨县发生 4.4

级地震，处于震中的天峨龙滩特大桥安然无恙。

最近 30 年，特别是进入新时代以来，中国桥梁建设取得突飞猛进的发展，建成许多超大跨径世界名桥，这得益于中国高速铁路、高速公路大规模建设产生的需求，天峨龙滩特大桥也不例外。天峨龙滩特大桥建成通车，使混凝土拱桥跨径上了一个大台阶，是世界拱桥发展史上的一座里程碑，其技术创新和建造经验将造福世界。

知识拓展：

　　港珠澳大桥是连接香港、珠海和澳门的大型桥隧工程，全长约 55 千米，于 2009 年动工，2018 年开通。港珠澳大桥是国家工程、国之重器。这是世界总体跨度最长、钢结构桥体最长、海底沉管隧道最长跨海大桥，也是世界公路建设史上技术最复杂、施工难度最高、工程规模最庞大的桥梁，建设者们攻克了许多世界级难题，集成了世界上最先进的管理技术和经验，保质保量完成了任务。

　　港珠澳大桥建成意义重大，它加强了粤港澳地区的经济联系与合作，促进了区域经济融合和协同发展；大幅缩短三地通行时间，改善了交通出行条件；推进了粤港澳大湾区建设，增进了文化交流融合。

丘成桐

（张武昌绘）

"在那样的困苦环境中，我有时自然而然地背诵起父亲教过的诗词。我开始广泛阅读父亲的藏书，努力走进他的文学和哲学世界，回顾从他那里获得的谆谆教诲，思考、探索如何走好自己的人生路。"

我叫丘成桐，是美国国家科学院院士、美国艺术与科学院院士、中国科学院外籍院士；证明了卡拉比猜想、正质量猜想等，是几何分析学科的奠基人，以我名字命名的卡拉比－丘流形是物理学中弦理论的基本概念，对微分几何和数学物理的发展作出重要贡献。

科技人生轨迹：

▌ 1949 年 4 月　出生于广东省汕头市

▌ 1966 年　考入香港中文大学崇基学院数学系（本科 3 年提前毕业）

▌ 1969 年　前往加州大学伯克利分校深造（2 年后获得博士学位）

▌ 1976 年　证明"卡拉比猜想"

▌ 1982 年　获得国际数学最高奖菲尔兹奖

▌ 1994 年　获得克拉福德奖

▌ 1997 年　获得美国国家科学奖章

▌ 2010 年　获得沃尔夫数学奖

▌ 2023 年　获得邵逸夫数学科学奖

驰骋数学五十载　几何人生报家国

丘成桐

卡拉比猜想

求真书院

正质量猜想

沃尔夫猜测

丘成桐少年班

我从事数学研究50多年了。在我看来，数学是所有学科的基础，是通过有系统、有逻辑的方法，找出大自然的真理，与实验科学相辅相成。通过实验科学，我们可以发现真理的走向，但仅靠实验科学，我们无法探索出真理。真理必须要经过逻辑的方法，有次序地证明，才能被发现——这是数学家的工作。

邂逅卡拉比猜想

1969年，我人生首次搭乘飞机，口袋里装着不到100美元，来到加州大学伯克利分校（UCB），开始攻读博士学位，这是我一生研究学问的开始。刚到伯克利，我一心渴望竭尽所能吸纳数学知识，在图书馆花了不少时间读数学书，如饥似渴地学习代数拓扑、微分几何、微分方程、群论等，还旁听了一些其他课程，如广义相对论。对参加各类讨论班，我也有兴趣，包括偏微分方程、数论、复几何和代数几何、调和分析、遍历理论等。任何学科，只要跟我的研究有一点点关系，我都去涉猎。养成这个习惯，对于我的学术研究产生了很大影响。

在 UCB 图书馆，我邂逅了卡拉比猜想，心弦一下子响起共鸣。卡拉比猜想与众不同，连通着几何学的某一区域，深入而宽广。然而，我知道研究卡拉比猜想并不是一朝一夕就能完成的，必须持之以恒。在起初 3 年，我一直试图找到反例，证明该猜想是错的。就在众人认为我真的推翻了这个猜想时，卡拉比的一封信如晨钟暮鼓，把我惊醒了。我很快做了 180 度的转变，倾注心力去证明卡拉比说的没错。我又花了 3 年时间，终于完成了对卡拉比猜想的证明。这不仅是几何分析的第一次重要胜利，而且解决了一些代数几何的重要问题，后来还对弦理论产生了深远影响。

1979 年，我与我的学生孙理察用几何分析解决了困扰物理学家 50 多年的一个问题——广义相对论中的正质量猜想。我们证明了物质结构在爱因斯坦广义相对论框架下是稳定的。这是数学、物理与几何结合的经典例子，至今仍然有重要的影响。

我与朋友、学生一起，进一步将几何与分析融合，与现代其他学科联络，为几何分析学科的完善和现代化作了不少贡献。这个学科发展至今，仍然很有威力，足见其深度。我很荣幸见证了一个学科的成长。20 世纪，几何在很多学科中都有重要的作用。我的研究就是以几何为核心，拓展至微分方程、代数几何、拓扑学、数学物理，理论物理的广义相对论、高能物理的弦论，以及应用数学中使用共形理论、最优传输解决图像处理的问题等。

　　王国维曾撷取 3 段宋词来描述古今之成大事业、大学问者须经历的 3 种境界。对此，我深以为然：开始做学问时，我们要找到一个制高点，对整个问题有通透的理解，即"昨夜西风凋碧树，独上高楼，望尽天涯路"；然后，不眠不休、废寝忘食地投入其中，即"衣带渐宽终不悔，为伊消得人憔悴"；最后，灵光一闪，看到了完整证明的途径，所谓"众里寻他千百度，蓦然回首，那人却在，灯火阑珊处"。

父亲的言传身教

　　我的父亲学问很好，曾任教于香港中文大学的前身——崇基书院，先后教授过中国上古史纲目、中国近代史、经济史、中国哲学史、儒家哲学史、西方哲学史等。困苦之中，他始终最感兴趣的是学问，并不抱着什么功利的目的。这一直让我敬佩有加，引以为傲！

　　从差不多 10 岁开始，我就见父亲埋头著书并时常与学生在家中交流。当时我还小，在我的印象中，他们交流研讨的内容很丰富，包括古希腊哲学、西方哲学与东方哲学的比较等，这些话题于我而言虽然比较难懂，但激发了我对相关问题的思考，培养了我的抽象思维能力。父亲对诗词颇有造诣，经常为我讲解相关知识，要求我努力背诵其中的名篇。小时候免不了贪玩、偷懒，但我还是认真学习、背诵了一点。

　　11 岁那年，我按照父亲的要求，开始读冯友兰先生的《新原道》《新原人》，翻阅牟宗三、唐君毅、钱穆先生的著作。当时的感觉是，他们的作品很深奥，大部分看不懂。14 岁那年，父亲不幸辞世，家里失去了顶梁柱和收入来源，我们兄弟姐妹与母亲相依为命，家境十分艰苦，一度到了山穷水尽的地步。在那样的困苦环境中，我有时自然而然地背诵起父亲教过的诗词。我开始广泛阅读父亲的藏书，努力走进他的文学和哲学世界，回顾从他那里获得的谆谆教诲，思考、探索如何走好自己的人生路。就这样经年累月，我不仅培养了哲学、国学素养，而且变得更加自信、成熟。

父亲有深厚的家国情怀，生前常常教导吾辈，作为中国人，有机会要为国家多做点事。我一直铭记于心并倾力而为。作为华人科学家，我 40 多年来矢志不渝地推进中国科学尤其是数学迈向世界前沿。为此，我充分利用自己的国际学术影响力，汇聚国际高端学术资源，在内地、香港和台湾先后成立了 8 个研究所。

父亲有崇高的学术追求，写了大量学术手稿，但英年早逝，生前没有条件付梓出版，直到 20 年前，我才有机会找人帮忙辑录。我反复研读书稿，对父亲感佩不已！最近，我终于把父亲关于中西方哲学的思考整理完毕并出版，这就是《丘镇英先生哲学史讲稿》，以此作为对父亲的纪念。

追寻大自然的奥秘

父亲虽非数学家，但我能成为数学家，现在又专注数学教育，在很大程度上得益于他的影响。从我童年开始，父亲就经常教诲我，追求并发现大自然蕴藏的真和美。这让我从小就在内心深处对数学产生了浓厚的兴趣，之后不知疲倦地研究探索并走上数学教育之路。

2021 年，我在清华大学牵头成立了求真书院，旨在培养数学科学领军者。我要培养的不是竞赛人才，也不是一般的数学家，而是真正有能力、有抱负、懂数学、懂科学、有文化、有内涵的"通才"。我希望数学学科能在中国更好地建立起来，培养一批对学问有纯粹看法的年轻人，让他们走出属于自己的路。

求真书院的院训"寻天人乐处，拓万古心胸"，源自我父亲撰写的一副对联，我稍作修改而成。"寻天人乐处"是要在追寻大自然奥秘的过程中，找到其中最有意义、最有乐趣之处。所谓"拓万古心胸"，是说要心胸广大，容纳万物，做学问不能只为了高考、为了拿奖、为了做院士，而是要追求在科学史上留下重要的轨迹，产生深远的影响。

求真书院的学生是我们从全国各地找到的较为优秀的孩子。八年制"通才"培养方案，是让他们不受外界干扰，沿着数学研究的道路走下去。在求真书院，学生们一方面接受数学、物理学基础知识的严格训练；另一方面要学习数学史、科学史、文学等通识课程，养成对科学、数学的宏观看法，拥有深厚的人文修养。

文化修养很重要

对一个学者而言，文化修养很重要。我见过很多伟大的学者，他们都有很高的文化修养。比如，20世纪最伟大的数学家之一安德烈·韦伊（André Weil），是数论、代数几何的大师，他的研究涉及诸多方面，还懂得印度文、梵文、拉丁文以及多种古典学问。

文化修养可以是诗词、音乐，也可以是其他方面。我本人喜欢诗词歌赋，虽然它们并不见得与数学有直接的关系，但在我看来，它们都源自对美的追求，都对我产生了重大影响。

文学、哲学能够让我们的心灵和思考纯化，同时集合了人类对大自然的认识、对各种思想的了解，是科学发展的土壤。没有这样的土壤，发展不起来一流的学问。无论是大学还是中学，都应该提供这些土壤，让学生和老师可以播撒思想的种子，打下坚实的文化根基，这样才能慢慢发展出一流的学问。

做学问，要从大局来看，要看整个学问走势是什么样子的，才能判断重要的方向是什么。很多人解决了小问题，就很高兴；只有少数人从整个学问的流向来考虑，从大局中找到自己努力的方向并作出重要贡献。

真正对人类历史有贡献的学者都有一定深度。历史上的伟大学者，从古希腊的亚里士多德等到近现代的牛顿、笛卡儿、爱因斯坦，他们看得都很深远，他们的工作是对大自然规律深度研究。太阳怎么运行、其他星球怎么运行，这些问题困扰了人类几千年。伽利略到牛顿的时代，是个伟大的时代，这些科学家不仅解决了这些问题，还给出严格的证明和计算。

这些有深度的学问，这些伟大学者的成就，都源于他们对大自然的好奇心，而不是出于某种功利目的。如果仅从实用角度来看，这些成就既无法提升产量也无法提高劳动生产率和经济效益，似乎没有什么价值；但正是这样的成就、这样的学问，对整个民族的科学文化，对整个人类文化的发展和进步，都有重要影响。

我希望，我们的学生能够有这个宏愿，用心感受大自然、真诚热爱大自然、努力探究大自然，长期投身于一些基础性的、有深远影响的研究。我们要努力培养一批思想纯厚的大学者，他们既要有发自内心地探寻大自然奥秘的热情，又要有深厚的家国情怀。唯有如此，中国的科学才能达到世界一流水平。

瞄准一流的学问

为了成立求真书院，我们准备了 10 多个年头，这其中包括为书院聘请世界一流的大师。我请来了菲尔兹奖得主考切尔·比尔卡尔、数学物理大师尼古拉·莱舍提金等。与大师在一起,学生会逐渐被他们的学风感染。看着一位重要的、有学问的大师,不断思考、构造、尝试、前进、失败,学生的体会完全不一样。我在读数学史、科学史时,看到很多伟大的数学家都是由大师教导而成长的,比如,20世纪初最伟大的数学家之一希尔伯特就培养了赫尔曼·外尔这样的大学者。

当年,我随父亲一起去见国学大师钱穆先生,虽然不懂他们探讨的内容,但受到了那种气氛的熏陶。父亲的看法很宏大,与学生谈儒家哲学、西方哲学等,我不能完全理解,但感觉思考的过程很奇妙。父亲喜欢斯宾诺莎、康德的哲学,当时我念小学,对这些人名并不熟悉,只留下一些印象,但对我后来的学习帮助很大,以后翻看哲学书时,我就知道哪些是大家,哪些是重点。父亲也会批评、比较一些哲学思想,让我明白了做学问不能迷信权威,必须培养自己的批判思维能力。

培养一批一流的数学家是我的专长和梦想。我在努力办好求真书院的同时,还在各地中学培养初中生,让孩子们可以早一点发挥所长。让十三四岁的学生开始接触深厚的数学文化,学习一流的学问,不是揠苗助长,也不是弯道超车,而是涵养数学文化。求真书院每年招收100名学生,五六年以后就有几百名学生。如果他们将来能够成为基础科学领军人才,那么中国基础科学发展的走向将因他们而改变。这并非主观臆测,而是基于现实得出的结论。以美国为例,最重要的数学家也就一两百位。美国能不断实现基础科学的突破,成为世界科技创新的中心,在很大程度上是因为拥有这一两百位全球顶尖的数学家。

一个民族的科学文化不累积到一定程度,伟大的、基础的学问就不会绽放出来。我们必须从现在做起、从基础做起、从点滴做起，让数学文化的种子在一批优秀的中国学子心中生根发芽。我如今常常带着求真书院的学生到各地举办数学史讲座。这样一点点地做，中国的数学文化就能够慢慢建立起来。

我希望国家和社会能够接受这种培养本土领军人才的思路，让我们能够走出一条属于我们自己的路！

知识拓展：

塞尔说过："一个真正好的数学猜想，它的解决应该随之而来一系列的推论和绵延不断的影响。"卡拉比猜想就是如此。

卡拉比猜想源于代数几何，是由意大利著名几何学家卡拉比在 1954 年国际数学家大会上提出的：在封闭的空间，有无可能存在没有物质分布的引力场。卡拉比认为是存在的，可是没有人能证实，包括卡拉比自己。这个猜想的陈类为负和零的情况被美籍华人数学家丘成桐证明，并因此在 1982 年获得数学界的"诺贝尔奖"——菲尔兹奖，他是第一个获得该奖的华人数学家。

卡拉比猜想的证明也标志着微分几何一个新时代的到来。一个新的学科随之产生，称为几何分析。它的定义就是用非线性微分方程的方法来系统地解决几何与拓扑中的难题，反过来也用几何的直观与想法来理解偏微分方程的结构。由此方法，一系列著名的问题得到解决。

朱枞鹏

（张武昌绘）

"天宫二号是我们远征太空的孩子，在圆满完成被赋予的使命之后，在烈火中永生。"

我叫朱枞鹏，毕业于哈尔滨工业大学航天工程与力学系，是航天科技集团公司五院天宫二号总设计师，入选"2016 中国科学年度新闻人物"。

科技人生轨迹：

▌ 1963 年 10 月　出生于安徽省枞阳县

▌ 1978 年　进入蚌埠航运技工学校读中专

▌ 1980 年　中专毕业，进入安庆造船厂工作

▌ 1982—1985 年　在安庆电大电子专业全脱产学习

▌ 1990—1993 年　在哈尔滨工业大学航天工程与力学系攻读硕士研究生，并获得硕士学位

▌ 1993 年　进入中国空间技术研究院工作，历任工程组副组长、研究室副主任、研究室主任（兼神舟飞船总师助理）、空间站系统副总设计师、某型号总设计师等职务

矢志不渝飞天　卅年奋斗梦圆

朱枞鹏

从名字来看，我或许与航天事业有某种不解的缘分吧："鹏"是传说中的大鸟，可抟扶摇直上九万里，寓意"理想远大"；"枞"指我的故乡安徽"枞阳"，读音与字形都和"纵"相似，可使人们联想到"跳跃""起飞"之意。

给我起名时，父亲寄托了他期待我"志存高远"并"铭记故乡"的美好寓意，但冥冥中似乎昭示了我结缘航天、投身祖国航天事业的职业生涯。30年来，我亲眼见证、亲身参与了中国航天波澜壮阔的发展历程，特别为完成中国载人航天"三步走"战略，建成天宫空间站，为人类太空探索事业作出了自己的贡献。

向往飞天　梦想启航

小时候，我对家里的一套科普丛书《十万个为什么》特别感兴趣，尤其是其中介绍飞机、卫星等航空航天知识的内容。平时，我经常琢磨与飞行有关的问题，比如，飞机为什么能飞起来，卫星在太空是怎么运转的……在不断的阅读和思考中，我对航空航天的兴趣日益浓厚，了解的知识也越来越多。

1977年，高考恢复了。枞阳县教育主管部门的宣传栏上张贴着很多高校的招生海报，非常吸引人，我常去认真浏览。

一些高校比如哈尔滨工业大学、北京航空航天大学、西北工业大学的招生海报让我印象十分深刻，记得上面印着冲天而起的火箭、绕地飞行的卫星、腾空翱翔的飞机。这些海报让我心生无限向往之情，我多么希望自己将来能够有机会进入这样的大学深造，实现遨游九天的梦想。

拨准航向　如愿以偿

事与愿违，受种种因素影响，我在初中毕业时，报考了中专，以便尽早拥有一份有保障的"铁饭碗"工作，肩负起照顾家庭的责任。就这样，我放弃了读高中和报考大学的机会，考入一所中专学校就读。中专毕业后，我进入一家造船厂工作。

在造船厂的日子里，我虽然忙于手头的工作，但是一刻也没有忘记从儿时就启航的"飞天"梦想，而要圆梦就必须进入大学，接受高等教育和相关专业的训练，于是我自学高中课程，继续追逐自己的"飞天"梦想。功夫不负有心人，我成功考上了大学并于

1990年如愿考取哈尔滨工业大学航天学院的研究生，学习"飞行动力学与控制"专业，向着梦想迈出关键一步。

我的研究生岁月紧张、忙碌，几乎每天都忙于学习和做研究，努力践行着"规格严格，功夫到家"的哈工大校训，也培养和塑造了自己追求卓越、精益求精的精神和品格，这对我日后的学习和工作都产生了深刻影响。

在撰写硕士毕业论文阶段，指导老师刘暾教授要求我必须手写，不能用电脑。手写数百页的论文本身并不难，却是一件颇为麻烦的事，因为论文牵一发而动全身，一旦出现一个错误或者不准确的地方，不仅要手工改正直接涉及的部分，而且要连带调整与之相关的内容。这就要求撰写者必须特别认真、仔细。

我经过一遍遍修订和改写，历时大半年，终于逐字逐页把论文撰写完毕。在这个过程中，我更加深刻体会到刘暾教授以论文手写磨炼我们的心性和意志的良苦用心。虽然30多年过去了，但是我仍然对毕业论文的内容和手写时的一些场景记忆犹新。这些经历是我的宝贵财富，为我日后在航天工作中做到严、慎、细、实，打下了坚实基础。

加盟"神舟"　初战告捷

1993年，我研究生毕业后进入中国空间技术研究院（中国航天科技集团有限公司第五研究院），被分配到载人航天总体研究室，开始从事载人航天工作，我终于正式踏上了追逐"飞天"梦想的征途。

现在回过头来看，我当时能够从事载人航天工作在很大程度上是因为毕业正逢其时。1992年，中国载人航天工程正式立项。

第二年，中国空间技术研究院开始"招兵买马"，网罗人才，我毕业之时正赶上这个好时机，而我所学的专业正符合其要求。设想，我如果晚毕业，就可能无缘中国载人航天事业。

进入中国空间技术研究院之后，我先是参与载人航天深化论证工作，之后与兄弟单位同行合作，开展航天器飞行控制研究。

1999年11月，神舟一号飞船任务实施，这是中国载人航天工程的第一次飞行试验。在此次任务中，我负责神舟一号飞行控制工作，让其按照飞行程序的指令去执行飞行中的每一个动作。但事先设计好的飞行程序需要根据实际飞行情况不断进行修正，再手动注入指令，让神舟一号去执行动作；我要在指令下达前进行确认。这无疑是一副千钧重担，让我既激动又紧张，在签字确认之时，我的手禁不住有些发抖，特别担心下错指令。

结果证明，我们经受住了考验，每条指令都执行正确，飞船最终成功返回。这标志着中国载人航天技术取得重大突破。

攻坚克难　成就"天宫"

2012年，我被任命为天宫二号总设计师。说实话，我当时真是压力山大。因为天宫二号是空间实验室阶段任务的主要飞行器之一，承担着验证空间站相关技术的重要使命，是中国第一个真正意义上的太空实验室，实施该任务的责任特别重大。不仅如此，为了加快工程步伐和减少经费，天宫三号任务被取消，相关试验被整合到天宫二号上，实施该任务的难度由此可想而知。

减重是天宫二号任务的一大难度。为了将天宫二号的质量控制在8.6吨以内，我们一方面大力优化其结构，利用三维仿真设计工具，巧妙做好天宫二号实验舱的后锥段设计，使其容纳下补加推进剂的压气机和实验载荷等，同时又做到符合总装要求。另一方面，我们大力优化飞行方案，以减少推进剂的加注量，从而达到减重的目的。

时间紧张是天宫二号任务的另一大难度。为了确保各项任务如期完成，我们就倒排工期，确定好任务时间节点，加班加点向前赶，大家每天早出晚归，有时甚至昼夜连续奋战。

前辈楷模传承下来的航天精神是我们战胜困难的力量源泉。在工作中，我接触到很多航天老前辈，深受其影响和教育。比如空间返回技术专家、中国科学院院士王希季，他担任卫星总设计师时，每到卫星总装测试阶段，不顾年事已高，必然亲临现场。我向他学习，当天宫二号在发射场总装测试时，每天都亲临现场，一边仔细观察了解，一边回顾思考相关问题：天宫二号经历了哪些过程？做了哪些试验？在研制过程中出了哪些问题？我们是怎么解决这些问题的？解决得是否彻底？还有哪些可能的隐患？……直到这些问题都有了令人满意的答案，我才能放下心来。

2016年9月15日22时04分09秒，天宫二号在酒泉卫星发射中心发射升空。像以前的每次发射一样，我不能在现场目睹，而是坚守在发射指挥大厅工作岗位上。

很快，天宫二号与火箭成功分离，精准入轨，发射取得圆满成功，发射指挥大厅顿时一片欢腾，我尽情地与大家拥抱，一起欢庆。

惜别"天宫"　圆满落幕

天宫二号在太空飞行了近3年，圆满完成了各项既定任务，按照国际公约，它应受控离轨再入大气层坠毁。然而，我们非常纠结、非常不舍，因为当时天宫二号的状态非常好，所有设备都运行正常，再在轨运行 3 年也没问题。

有些同志据此提出，让天宫二号再继续在轨运行一段时间，以便获得更多科研数据，也为后续建造并运营空间站提供更多经验。经过综合研判，决策部门还是下定决心，按原计划让天宫二号如期谢幕，受控再入大气层坠毁。

2019 年 7 月 19 日 21 时许，天宫二号开始踏上谢幕之旅。通过指挥大厅的屏幕，我目不转睛地看着天宫二号逐渐进入大气层，与大气摩擦产生耀眼的光芒，很快变成一个火球，而后消失。当时，我的心情与当初天宫二号发射成功时的欣喜和畅快完全不同，满是惜别的感伤。天宫二号是我们远征太空的孩子，在圆满完成被赋予的使命之后，在烈火中永生。

星辰大海　再踏征途

2018 年，在天宫二号任务按部就班推进之时，我接到关于"空间站工程航天技术试验"的新任务，为中国空间站建成后开展技术试验应用做好充分准备。

"空间站工程航天技术试验"很丰富。比如，在空间站外部安装一台设备，目前只能靠航天员出舱来完成。我们就考虑研制一种能在舱外作业的机器人，让它来代替航天员，更安全、更高效地完成上述工作。现在，我们已经开展了诸多试验项目，相关进展情况将根据安排，择机向社会发布。

建立永久性的空间实验室、建成空间工程系统是中国载人航天孜孜以求的奋斗目标，为此有关方面制定了"三步走"的战略。经过 30 多年不懈奋斗，"三步走"战略已顺利完成，中国空间站已全面建成。2023 年，我已满 60 岁了，从事载人航天事业整整 30 年了。30 年弹指一挥间，抚今追昔，我深感自己非常幸运。沿着儿时的"飞天"理想，我一路逐梦前行，虽然一度出现波折，但是矢志不渝。我为中国载人航天事业取得的重大突破和卓越成就而兴奋和激动，我为自己能够有幸亲身参与其中而骄傲和自豪。

星辰大海了无际涯，航天探索永无止境。新时代的中国航天已经站上了新起点，正向着载人登月和深空探测等迈出新步伐，为人类更好探索和认识宇宙空间，更好利用空间资源不断作出新贡献。

知识拓展：

天宫二号为中国载人航天工程发射的第二个目标飞行器，是中国首个具备补加功能的载人航天科学实验空间实验室。

天宫二号采用实验舱和资源舱两舱构型，全长 10.4 米，最大直径 3.35 米，太阳翼展宽约 18.4 米，重 8.6 吨，设计在轨寿命 2 年。为满足推进剂补加验证试验需要，天宫二号在天宫一号目标飞行器备份产品的基础上，对推进分系统进行了适应性改造；为满足中期驻留需要，对载人宜居环境进行了重大改善，具备支持 2 名航天员在轨工作、生活 30 天的能力。

作为中国首个真正意义上的空间实验室，天宫二号的成功发射为中国载人航天工程迈入空间站时代打下了坚实的基础。

王舰

（张武昌绘）

"当初选择农业，是因为中国人多，让大家吃饱饭，我才能更好地实现自己的人生价值。"

我叫王舰，是青海大学农林科学院副院长、三江源生态与高原农牧业国家重点实验室首席专家、国家马铃薯产业技术体系岗位科学家，长期从事马铃薯育种和脱毒种薯的繁育研究工作；首次提出"青海——中国马铃薯生产的天然家园"的设想，主持建立了以脱毒马铃薯微型薯高山大田直播技术为核心的省、县、乡、村四级种薯生产体系和以病毒检测为核心的质量监测体系。

科技人生轨迹：

▌ 1964 年 8 月　出生于重庆市

▌ 1981—1985 年　在西北农业大学读本科

▌ 1985—1992 年　在青海省农林科学院工作

▌ 1992—1995 年　在中国农业大学攻读硕士研究生

▌ 1997 年　赴英国学习植物组织培养及病毒检测技术

▌ 2001 年　被团中央、全国青联、中国青年科技工作协会授予"中国优秀青年科技创新奖"

▌ 2017 年　被选为中国民主建国会第十一届中央委员会常务委员

高原种业科技让土豆变"金豆"

王舰

2022年4月10日，习近平总书记在海南省三亚市崖州湾种子实验室考察调研时强调，种子是我国粮食安全的关键。只有用自己的手攥紧中国种子，才能端稳中国饭碗，才能实现粮食安全。习近平总书记十分关心中国马铃薯品种创制和产业发展。2017年1月，在河北省张北县考察时，习近平总书记调研了解马铃薯原种和成品的价格情况，并鼓励当地民众做大做强马铃薯产业。2020年，全国两会期间，参加内蒙古代表团审议时，习近平总书记向内蒙古自治区乌兰察布市的人大代表询问当地马铃薯种植与加工情况。

作为从事马铃薯脱毒和育种研究的农业科技工作者，我与业内专家一起致力于推动中国马铃薯种薯生产体系和质量监测体系建设，为马铃薯产业高质量发展，保障国家粮食安全而努力奋斗。

营养高产
晋升为我国主粮

马铃薯又名洋山芋、土豆等，适应性强，甚至能在干旱等恶劣气候条件下获得不错的收成，因而受到广泛欢迎，种植范围从原产地南美洲逐渐扩展到全球各地。马铃薯块茎含有大量的淀粉，能为人体提供丰富的热量，且富含蛋白质、氨基酸及多种维生素、矿物质，尤其是其维生素含量，是所有粮食作物中最全的。

全球人口数量快速增长、气象灾害频发等因素导致世界粮食短缺，一些地区甚至出现粮食危机。面对困局，联合国把目光投向马铃薯，将其作为保障世界粮食安全的一大希望。2007 年 10 月，第 62 届联合国大会宣布 2008 年为"国际马铃薯年"，并以此提高各国对这种农作物价值的重视程度。

马铃薯于 16 世纪和 17 世纪之交被引入中国种植，逐渐发展成为我国主要农作物之一，种植面积不断扩大，产量不断提高，直至居世界首位，使我国成为世界马铃薯生产的第一大国。马铃薯产业日益壮大，在种植业中的重要性和保障国家粮食安全中的价值日渐凸显出来。

2015 年，国家农业主管部门正式提出马铃薯主粮化战略，即推动实现马铃薯由副食消费向主食消费转变、由原料产品向产业化系列制成品转变、由温饱消费向营养健康消费转变，作为我国小麦、玉米、水稻三大主粮的补充，逐渐成为第四大主粮作物。第二年，《关于推进马铃薯产业开发的指导意见》印发实施，正式开启了马铃薯在我国的主粮化进程。

持续创新
产业竞争力显著增强

种子是农业的"芯片",马铃薯种业创新支撑中国马铃薯产业发展取得突出成就。最近几十年间,中国马铃薯育种研究经历了从国外引种鉴定,到品种间和种间杂交,再到生物技术育种的过程。

20世纪30年代后期,中国马铃薯品种选育与改良工作开始起步,彼时以引种为主。到50年代,马铃薯育种协作工作全面展开,一批马铃薯种质资源从苏联和东欧引进国内。

从20世纪80年代开始,随着改革开放进程不断深化,中外交往日益频繁深入,中国马铃薯种质资源研究和育种工作取得突破性进展。1985年,国际马铃薯中心北京联络处成立,以此为契机,中国加大马铃薯优良种质资源引进力度,荷兰、美国、加拿大等均成为我国马铃薯资源的引种国家,马铃薯育种亲本的遗传背景进一步拓宽。同时,相关国际科研合作和科技人员技能培训活动也日益活跃。这些因素大大加速了我国马铃薯产业的发展。

进入20世纪90年代,我国引进一些专用型马铃薯品种、育种材料和杂交组合。进入21世纪,尤其是2008年原农业部启动马铃薯现代农业产业技术体系项目之后,中国马铃薯产业进入了发展新阶段,选育品种的遗传背景得到进一步改善,马铃薯的育种目标除了抗病、高产外,还注重加工专用品种的选育,审定品种的数量迅速增加,选育出适合淀粉加工、炸片、炸条、鲜食出口等一大批适应市场需求的品种,中国马铃薯科技创新能力和产业的竞争力显著增强。

高原育种
夯实产业发展基础

马铃薯是青海省最具特色的优势农作物，在农业生产中占有举足轻重的地位。由于海拔高、日照长、气候冷凉和传毒介体少等特点，青海生产的种薯以病害少、增产潜力大享誉全国，是我国主要的马铃薯种薯生产基地之一。

青海高原马铃薯育种已经有 50 多年的历史，在长期育种科研实践中，1000 多份马铃薯种质资源被收集并保存下来。依托这些资源，我们团队先后育成了"高原""青薯"系列品种 30 多个并得到广泛推广种植，在农业生产中发挥了很大的作用，为解决品种缺乏问题作出了应有贡献。

科研团队育成的众多马铃薯品种中，"高原 4 号""青薯168""青薯 3 号""青薯 6 号"分别获国家级品种审定，并推广到甘肃、宁夏、新疆等地大面积种植。在马铃薯育种实践中，我们建立了温室杂交、高山繁种、多生态区选择和早代扩繁的高原育种技术体系，缩短了新品种的选育进程，育成的马铃薯品种"青薯 9号"具有高产、抗旱、抗病、优质菜用及加工兼用型等特性。2011年，"青薯 9 号"通过国家品种审定，2015 年，获植物新品种保护权，在全国 14 个省份推广种植。目前，"青薯 9 号"年推广面积近 1000 万亩，累计推广面积达 9000 多万亩，增加收益 350 多亿元，促进我国马铃薯产业实现跨越式发展。

脱毒丰产
建设优质种薯基地

马铃薯是无性繁殖作物，病毒在寄主体内随继代繁殖而逐渐积累，导致马铃薯种性退化，产量严重降低，块茎大小、形状、口感等原有品质下降，被称为马铃薯"退化"，影响马铃薯的商品性，最严重的可导致减产 90% 以上。"脱毒"即为除去马铃薯本身所带的病毒，去除引起马铃薯退化主要病毒的"脱毒"生产，是恢复马铃薯的丰产性能的最重要环节。研究表明，应用脱毒种薯，一般能增产 30% 以上。

1985 年，我大学毕业后就投入高原农业科研工作。1995 年，我开始从事马铃薯种薯"脱毒"生产科研，在有关方面大力支持下，经过多年不懈努力，建立国内领先的以脱毒马铃薯微型薯高山大田直播技术为核心的省、县、乡、村四级种薯生产体系和以病毒检测为核心的质量监测体系，降低了种薯生产成本并加快了脱毒种薯的推广进程。据统计，在青海省全省累计推广脱毒种薯 1500 多万亩，增加产值 20 多亿元，取得巨大的经济和社会效益，为青海贫困山区群众脱贫致富作出了重大贡献。

近年来，我带领科研团队，把工作重点放在青海省玉树藏族自治州、果洛藏族自治州等地。通过开展马铃薯新品种筛选试验、密度肥料试验等，团队成员在青南地区筛选出了适合在当地种植的马铃薯品种，开展机械化种植等丰产栽培技术集成，提高了藏区马铃薯种植水平和产量，青南地区马铃薯高质量发展关键技术取得重要突破。

构建体系
打造"北繁硅谷"

2021 年 6 月，习近平总书记在青海调研期间指出，青海要立足高原特有资源禀赋，积极培育新兴产业，加强农畜产品标准化、绿色化生产，做大做强有机特色产业，加快建设绿色有机农畜产品输出地。这为包括马铃薯产业在内的青海农业发展指明了方向。为落实习近平总书记的要求，青海有关方面大力推进高原马铃薯种薯生产体系、高效育种技术体系和高原种薯推广体系建设，建立国家级马铃薯种薯生产基地，着力打造马铃薯种薯的"输出地"，为全国提供优质种薯，把青海打造成为中国马铃薯种薯的"北繁硅谷"。

打造中国马铃薯种薯的"北繁硅谷"是一项艰巨而光荣的工程，我与科研团队很荣幸参与其中。我们将进一步利用青海省特殊的高原气候条件优势，建立以"温室杂交、高山育种、多生态区选择和早代扩繁"为基础的高原马铃薯高效育种技术体系，进一步缩短新品种的选育进程和推广进程，并结合生物技术手段，提升资源深度鉴定评价能力，发掘新的优异基因，强化育种创新基础，提高资源的综合开发和利用水平，提升马铃薯种质创制能力，建立国家级马铃薯育种平台，推动马铃薯育种从传统育种向现代育种的转变，为把青海的生态优势转化为经济优势，推动青海省绿色有机农畜产品更好"走出去"作出新的更大的贡献。

知识拓展：

脱毒马铃薯，指采用生物技术手段脱除马铃薯植株体内已经侵染的各种病毒后而获得的不带任何病毒的马铃薯种薯。

马铃薯脱毒种薯的获得过程是：将被侵染的薯块催芽播种，在幼苗 3—5 厘米时将其从基部剪下，去掉叶片，经彻底消毒灭菌后在解剖镜下（无菌条件）挑取 0.1—0.2 毫米大小的茎尖生长点，并立即置于适宜的培养基中进行培养，3—4 个月后即可长成一棵新的植株。

新长成的植株是否带病毒，还需经过病毒检测方能确定。将经检测确认不带任何病毒的小植株保留下来，通常称之为脱毒试管苗。然后对脱毒试管苗在无菌条件下进行繁殖，当获得足够的无毒试管苗后，将其移栽到防虫温室或网室内生产"脱毒微型薯"。微型薯再经 2—3 代隔离繁殖，即为优质的生产用脱毒种薯。

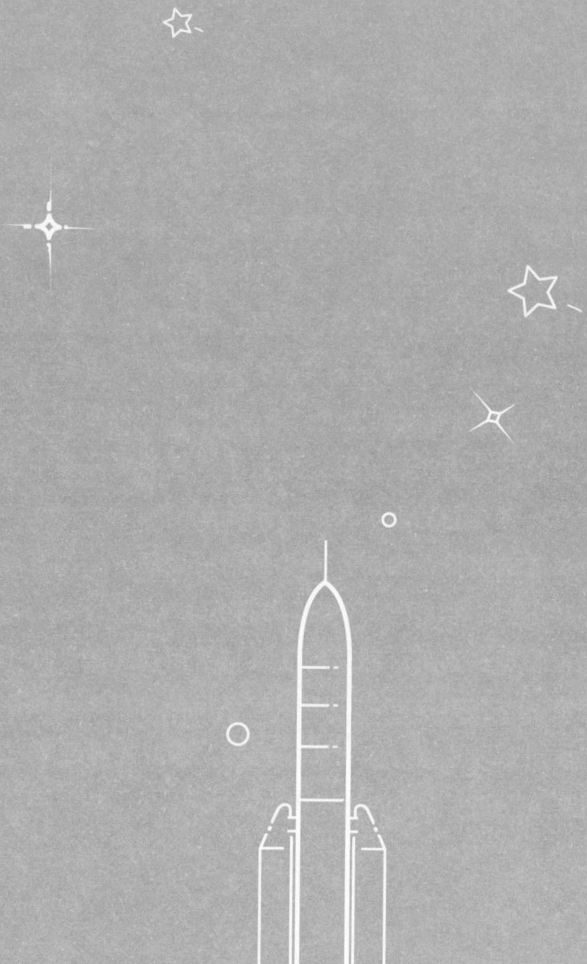

李东

（张武昌绘）

"选择航天事业就是选择吃苦和奉献。航天是高风险行业，要求精益求精，万无一失，因此，我们必须耐得住寂寞，经年累月、持之以恒地辛勤耕耘。"

我叫李东，是运载火箭技术专家，中国工程院院士，长期致力于运载火箭技术研究和工程实践，全程主持了中国首个大型火箭长征五号的论证、预研和工程研制工作，突破了大直径箭体结构、全新无毒无污染低温动力等关键技术，使中国火箭的高轨道运载能力跃升至世界同级别火箭第一，圆满完成天问一号、嫦娥五号、空间站天和舱、问天舱、梦天舱等国家重大航天工程任务的发射。

科技人生轨迹：

▍ 1967 年 6 月　出生于陕西省延安市

▍ 1985—1989 年　就读于北京航空学院（现北京航空航天大学）火箭院导弹设计专业，获得学士学位

▍ 1989—1992 年　获得火箭院导弹设计专业硕士学位

▍ 1992 年　参加工作，历任中国航天科技集团有限公司第一研究院总体部副主任、某型号副总师、副总指挥等职务

▍ 2005 年　任中国航天科技集团有限公司第一研究院总设计师

▍ 2017 年　入选"国家百千万人才工程"人员名单

▍ 2023 年　当选为中国工程院院士（机械与运载工程学部）

夙兴夜寐铸巨箭 百炼磨砺成长五

李东

一生痴绝处，有梦到天宫。

长歌九万里，再启新征程。

2022 年 10 月 31 日，一位中国航天领军人物一挥而就，写下这一诗作。彼时，他正坐镇中国空间站梦天实验舱发射任务。当日 15 时 37 分，长征五号 B 遥四运载火箭冲天而起，托举"梦天"直上九霄。而后"梦天"与天和核心舱顺利交会对接并完成转位，标志着中国空间站"T"字基本构型在轨组装完成，中国载人航天事业迎来历史性时刻。这一时刻距离长征五号火箭成功首飞已经过去了整整6年。这个人就是我。回首往事，百感交集，而上面这首诗最能反映我当时的心情。

我从事中国航天事业已有30个春秋，经历了中国航天波澜壮阔的发展历程。在紧张繁忙的工作间隙，我也信笔写下一首首诗，用心记录下自己作为一名中国航天人的光荣与梦想、豪迈与激情、感动与感谢。

使命光荣　重任在肩

欲考上下形，求索看航天。
星河路虽远，我有中国箭。
——《我有擎天箭》

在中国空间站建造过程中，长征运载火箭要在2年内连续进行11次发射，其中有3次由长征五号B火箭担纲，分别把空间站核心舱、问天实验舱、梦天实验舱送入预定轨道，其重要性可见一斑。

在我看来，这个"重"体现在三个方面

一是载荷重。长五B火箭是我国低轨道运载能力最大的火箭，也是我国唯一一款低轨道大型运载火箭，低轨运载能力达25吨级。这为空间站建造提供了基础条件。有了它，我们可以一次发射重量超过23吨的空间站重要舱段，最终在太空组成一个70吨到80吨级的中国空间站。可以说，空间站构成的核心重量中，有很大一部分是由长五B火箭发射的。

二是责任重。在空间站建造阶段发射的所有航天器中，唯独

长五B火箭发射的3个舱段没有备份，这就意味着如果发射出现意外，那么空间站建造进程将受到巨大影响，会导致不可承受的时间和经费等高昂代价。可以说，长五B火箭发射成功与否，事关空间站能否顺利建造。因此，长五B火箭（和其他火箭一样）必须持续成功，不能失败，我们没有退路。

三是担子重。长五B火箭有两大特点，一个是"大"，另一个是"新"。"大"体现在系统构成更复杂，单次火箭推进剂总加注量更多；与之相应，火箭技术更复杂，发射流程也更复杂。"新"体现在其应用了大量全新技术，从第二次发射就开始执行发射空间站舱段这样的重大任务。这意味着火箭的继承性差、考核机会少、问题暴露的机会多，说白了就是成熟度低、风险高。这就要求我们的工作要更经得起考验，要通过更多地面试验、分析、仿真来发现隐患和薄弱环节。

此外，长五B火箭在空间站建造过程中的角色独特。如果我们把空间站比喻成太空中的一栋别墅，那么建造它的3种型号火箭扮演不同角色：发射货运飞船的长征七号火箭负责提供给养，发射载人飞船的长征二号F火箭负责运送航天员，而长五B火箭则负责建造"别墅"本身。建造过程中，长五B火箭的作用不可替代。

这些特点都说明长五B火箭的研制难度更大，确保成功所面临的压力和挑战更大。

长五B火箭成功研制，使中国航天进入太空能力大大提高，同时奠定了中国新一代火箭系列化模块化发展的战略格局和中国新一代运载火箭发展需要的最基本的动力结构、总体技术等一系列全新的技术基础。长五B火箭首飞成功后，中共中央、国务院和中央军委发来了贺电。

苦尽甜来 柳暗花明

枕戈饮胆九百天，万般磨砺难尽言，今夜可敢片刻闲？硝烟才散，举眸广寒，何日月有圆。

——《青玉案》

从最初开展长五火箭研究，到工程立项以后担任总设计师带领这个团队，我一直对该任务的艰巨程度、过程的艰苦程度有清晰的认知。这么大型的火箭，这么多创新技术，这么大的技术跨度，我们注定会遇到很多、很大的困难。

事实正是如此，研制过程中，我们遇到重重困难，但凭着坚强的毅力，都一一克服了，长五遥一火箭终于成功发射。

发射成功后，我带领研制团队对遥一火箭暴露出的问题进行进一步研究，并作出了一系列改进，大家对长五火箭的总体技术方案和各个系统之间的基本协调可以说是信心十足。然而，大大出乎意料的是，长五遥二火箭发射失利了。

那是在2017年7月2日晚，长五遥二火箭升空，飞行到第346秒时，一台芯一级发动机突然丧失了推力，在几百毫秒内，所有的参数齐刷刷地掉下来，事先毫无征兆，事后杳无踪迹。

经过100余天的故障排查与定位以及180余天的试验验证，确认失利的原因不是全箭范畴的设计失误，而是发动机单机重要组件在复杂力热环境条件下的一种失效模式。

单机的固有可靠性无法通过全箭飞行试验来考核，一定要在单机研制阶段充分暴露出来，才能彻底解决。从这个意义上来讲，对长五遥二火箭的"归零"故障分析，实际上是为单机的研制补课。

一共长达 908 天的"归零"和验证，对我们团队来说，实在太痛苦、太煎熬。一方面，国家重大航天任务等着这型火箭，原计划在 2017 年底进行的嫦娥五号月球采样返回任务被迫搁置，火星探测工程和空间站在轨建造进程也都受到影响；另一方面，"归零"的过程远比我们想象的艰苦得多。与以往不同，这次"归零"最大的困难就是很难在遥测参数上找到任何端倪，因为所有的参数几乎同时断崖式下降。虽然问题很快被聚焦定位到 YF-77 发动机上，但是其内部到底出现了什么问题，发现难度非常大，其故障隐患埋藏得非常深。

YF-77 发动机的立项比长五火箭立项早数年，在遥二火箭发射时，这款发动机已研制超过 15 年，在大量地面试验中，这个埋藏很深的故障隐患和模式从没出现过，也没有任何相关参数指征，然而它偏偏在遥二火箭飞行过程中发生了。

在那 908 天里，很多时候，我们好不容易通过理论分析和试验，发现了某种故障模式，把它解决了，但是又发现了新问题、新隐患。不管是不是其造成的故障，我们只要发现了存在薄弱环节，就一定要彻底解决。如此往复，一波三折。有很长一段时间，我们团队感觉就像在黑夜中摸索，虽然知道天一定会亮，但是不知道还要摸索多久才能迎来曙光。

我们长五团队顶着巨大压力，没日没夜、任劳任怨、勤勤恳恳地奔忙，最终不负众望，找准了故障原因并彻底解决了问题，不仅实现了成功复飞和长五 B 火箭后续成功发射，而且使中国长征火箭特别是发动机的各方面研制能力都往前迈进了一大步。

每当回首这段非凡历程，我都感叹长五 B 火箭是英雄的火箭，长五团队是英雄的团队，尤其是我的老搭档长征五号总指挥王珏。作为中国氢氧发动机领域的代表性人物，王珏是团队的主心骨，即使是在"归零"阶段最困难的时候，也保持淡定和从容，表现出强大的抗压能力和坚强意志，展现出对国家、对航天事业高度的责任感和不解决问题誓不罢休的执着。他深深感染着我们，给我们以强大的信心和力量。

参与长五火箭研制，是我一生最大的荣耀；作为长五英雄团队的一员，我感到无比光荣和自豪。

逐梦前行　风雨兼程

男儿千里关山度，追梦十载心如初。
夙兴夜寐铸巨箭，百炼磨砺成长五。
——《巨箭行》（节选）

1989年，我从北京航空航天大学毕业并考取了原航空航天工业部第一研究院的研究生，师从运载火箭与航天工程技术专家龙乐豪先生。

1992年，我研究生毕业，留在第一研究院总体设计部，正式开始运载火箭相关设计和研发工作生涯。那是一个在我脑海中刻下深深印记的年份。这一年，邓小平同志到武昌、深圳等地视察，发表了著名的"南方谈话"，把改革开放和现代化建设推向新阶段。这一年，党的十四大召开，《关于兴建长江三峡工程的决议》表决通过……

这一年，我去了酒泉卫星发射中心，这也是我生平第一次到发射场。在那里，我瞻仰了祖国航天事业奠基人聂荣臻元帅的墓，也见证了震撼人心的火箭发射场景。

彼时，中国航天还显得"稚嫩"。载人航天工程刚刚立项；

月球探测工程和第二代导航工程还未见雏形；长征火箭"家族"成员还较少；捆绑式火箭的尝试刚刚完成；长征三号甲系列火箭还没有首飞；中国中型火箭系列型谱正在逐渐形成中；长征五号火箭还只是停留在纸面论证上……

21世纪初，长征五号预研工作拉开序幕。2005年，我被任命为该型号火箭总设计师。2006年10月，工程正式立项，研制工作进入崭新阶段。经过10年风雨兼程，我们团队终于品味到长征五号首飞成功的喜悦。而后，我们又接连体验到发射失利的苦楚、"归零"的艰辛、成功复飞和连续成功飞天的豪迈。时光荏苒，不知不觉中，我从事长五系列火箭的研制工作约20年了。

对从事祖国航天事业的年轻人，我表示热烈的祝贺，祝贺你们作出了人生中非常重要的、正确的选择。航天不仅为我们提供了一份职业，而且是一项值得我们倾情倾力付出并能获得巨大收获的事业，它不仅事关国家和民族利益，而且事关人类命运共同体的构建和全人类的福祉。有机会为此作出自己的贡献是我们无上的荣耀。

我还想说，选择航天事业就是选择吃苦和奉献。航天是高风险行业，要求精益求精，万无一失，因此，我们必须耐得住寂寞，经年累月、持之以恒地辛勤耕耘。航天是大型系统工程，我们必须科学分工，各负其责，各展所长，同时，我们要不计较个人得失，齐心协力、精诚合作。

知识拓展：

长征五号于 2006 年正式立项研制，它是 21 世纪 10 年代中国航天科技集团有限公司所属中国运载火箭技术研究院抓总研制的一种大型低温液体捆绑式运载火箭。

长征五号为捆绑四个助推器的两级半构型火箭，采用无毒无污染推进剂。火箭全箭总长 56.97 米，起飞质量约 869 吨，具备近地轨道 25 吨、地球同步转移轨道 14 吨的运载能力，可以完成近地轨道卫星、地球同步转移轨道卫星、太阳同步轨道卫星、空间站、月球探测器和火星探测器等各类航天器的发射任务。

长征五号研制成功，标志着中国运载火箭实现升级换代，是由航天大国迈向航天强国的关键一步，使中国运载火箭低轨和高轨的运载能力均跃升至世界第二。

程堂明

（张武昌绘）

"航天的舞台很大，可以充分展示你的才华；航天的未来很远，可以助力实现你的梦想。"

我叫程堂明，是中国运载火箭技术研究院总体设计部副总师，国家某重点型号火箭技术副总负责人，中国运载火箭技术研究院高级专家；历任中国首个目标飞行器"天宫一号"运载火箭副总设计师、长征七号火箭副总设计师、长征七号运载火箭总设计师；被授予"全国五一劳动奖章"。

科技人生轨迹：

▌ 1972 年 12 月　出生于安徽省桐城市

▌ 1993 年　毕业于北京航空航天大学导弹与运载火箭总体设计专业，获学士学位

▌ 1993 年　被分配到中国运载火箭技术研究院总体设计部十一室工作

▌ 2005 年　毕业于国防科技大学飞行器设计专业，获硕士学位

▌ 2021 年　被任命为长征七号运载火箭总设计师

我们长征七号团队使命在肩

程堂明

长征七号

天舟二号

严慎细实

探索

永无止境

如果说天舟货运飞船是太空快递员，为中国空间站在轨建造和运营提供装备和物资，那么长征七号运载火箭就是搭载"天舟快递员"的"货运专列"，专门负责护送其飞抵空间站。作为长征七号总设计师，我这些年来从没有一丝放松，没有分毫懈怠，与团队其他成员一起攻坚克难、精益求精，确保完成快递直达空间站的光荣使命。

攻坚克难　终获成功

2021年初，我被任命为长征七号运载火箭总设计师。彼时，中国空间站工程关键技术验证和建造阶段任务即将实施，举世瞩目。当年 4 月底，中国空间站天和核心舱发射成功，接下来出场的是天舟二号货运飞船，其任务是携带供 3 名航天员所需的消耗品、舱外航天服、平台物资，与天和核心舱进行空间交会对接，为后续飞行任务和空间站在轨继续建造奠定坚实基础。

托举天舟二号货运飞船进入太空，完成飞天使命的火箭就是长征七号。这就意味着，在轨建造中国空间站的接力棒交到了我们手中。天舟二号是天和核心舱迎来的第一位"访客"，该次发射任务的意义非常重大，必须千方百计确保成功。对此，我们团队信心十足。

然而，让人意想不到的是，麻烦还是出现了。就在发射时间窗口确定为"2021 年 5 月 20 日凌晨"不久，在按程序开展煤油加注、液氧预冷、大流量加注等作业时，突然"跳出"一个异常数据，让现场的气氛顿时凝重起来。在这个"箭在弦上"的关键时刻，到底产生了怎样的问题？导致问题的根源是什么？我们焦急万分！

经过现场讨论和研判，我们认为可能是尾舱内出现了泄漏。于是，我立即安排试验队员进入箭体尾舱进行排查。然而，火箭已经加注了 500 余吨推进剂，尾舱内温度低、空间狭小，充满着氮气，人员进舱必须戴呼吸面罩，查找漏点不仅非常困难，而且风险很大。

箭体外壁上的冷凝水哗哗在流，时间一分一秒在流逝，我们眼看着错过了时间窗口，只能中止发射，瞄准第二天的时间窗口。

在轨建造中国空间站是举世瞩目的重大工程，相关任务环环相扣，如果长征七号故障不能得到及时排除，天舟二号飞船就无法按计划发射，后面的任务全都会受影响。在这样的环境和背景下，我们当时承受的压力之多、之大是可想而知的。

我们以坚强的意志顶住压力，在发射现场全力以赴、不眠不休、连续奋战,继续开展故障排查和定位。北京大后方也是灯火通明,专家们通宵达旦,一起帮我们把脉诊断。经过各方不懈努力,我们终于在进入第二个发射时间窗口之前约两小时查出了导致故障的"真凶"。鉴于处于加注状态的火箭已经停放了30多个小时,而更换故障部件必须泄出全部推进剂,指挥部决定中止发射并泄出全部推进剂。

在接下来的一个多星期,我们彻底排除了故障,对全箭各系统状态再次进行了确认,通过补充测试得出结论:火箭状态良好。5月29日,长征七号燃料加注完成。20时55分,随着发射指令发出,长征七号冲天而起,直上九霄。而后,各项数据均显示正常,约600秒后,飞船与火箭成功分离,精确进入预定轨道。21时17分,太阳能帆板两翼顺利展开工作,发射取得圆满成功。大家紧张地盯着各项数据,直到船箭分离那一刻,心头压着的一块大石头才放下来,我们长舒了一口气。

我第一次当火箭总设计师,竟然遭遇两次中止发射意外,经历了中国航天史上低温推进剂加注停放最长时间、最大规模推进剂泄出再加注的事件,留下了刻骨铭心的记忆。今天,当时的一幕幕依然清晰地呈现在眼前,时刻警示我,必须有敬畏之心,切实培养"严慎细实"的工作作风,踏踏实实做好每一个环节,必须精益求精,追求完美和极致;时刻警示我,做事必须有预案,尤其是对火箭这类庞杂的系统,只有"立足最好做方案,着眼最坏做预案",把所有可能的状况都考虑进去,才能最大限度提高成功的概率。

奋斗八载 铸就神箭

在加入长征七号团队之前,我先后参与过长征二号F火箭和长征五号火箭的研制工作。通过这两段经历，我和长征七号结下了特殊的缘分。

2008 年 11 月，长征七号团队正式组建，开始了该型号的深化论证和研制工作，但是在最初的两年里，该型号火箭的名字并不是"长征七号"，而是"长征二号 F/H"，简称"长二 F/H"。研制该型号火箭的初衷并不是开发一款全新的火箭，而是对长征二号 F 火箭进行改造，通过更换新型液氧煤油发动机，满足无毒、无污染的环保要求。但在论证中，科研团队发现，更换发动机将引发连锁反应，会彻底改变火箭其他系统的状态。

长征五号是我国新一代运载火箭，其在论证之初存在大、中、小三型方案，其中中型方案与"长二 F/H"存在技术和用途的重叠。有关方面经过周密论证，决定化繁就简，综合长征二号 F 火箭的成熟技术和长征五号的新技术，研制一款中型火箭。2010 年 6 月，"长二 F/H"正式更名为"长征七号"。长征二号 F 火箭主要用于发射神舟载人飞船，继承了其血统的长征七号一直向载人火箭的标准看齐，从设计、试验到生产的全过程一直延续高可靠、高安全、高要求的标准。

长征火箭"家族"增添了新成员。根据工作需要，我就从长征五号研制团队转入长征七号研制团队。虽然该型号火箭是在之前的基础上进行研发，但是我们仍然需要面对重重困难，走过长达 8 年艰辛历程。

在论证之初，我们就为长征七号定下了"高可靠、高安全"的研制目标，以"可靠性系统工程理念"谋划全生命周期的研制工作。在设计方面，我们提出了可靠性 9 要素设计，其中包括冗余设计、裕度设计、力学热学环境设计、气液密封设计、防雨防盐雾设计等，制定了详细的设计准则和禁忌，力求从根本上提高火箭的可靠性和环境适应性。在试验方面，我们开展了可靠性强化试验，在产品样机阶段快速深挖薄弱环节便于改进，开展了拉偏试验、破坏试验等，摸清关键产品的极限能力，鼓励单机、系统尽可能多参加系统级试验，提前检验系统接口协调性。在产品生产过程中，我们强调工艺量化控制，关键环节要多方确认，保证产品的质量稳定性和一致性。

回顾研制历程，我深感那是一段激情燃烧的战斗岁月。尤其是初样后期两年多时间，我们团队辗转奔波于北京南苑、北京云岗、天津、海南4地，同步推进设计完善、产品生产、总装测试、大型试验、发射场设备装调等各项工作，每个人都上紧了发条，为型号研制忙忙碌碌，为破解难题殚精竭虑，为每一次试验成功欢欣鼓舞。

2016年6月，长征七号迎来执行任务"首秀"，这也是文昌航天发射场建成后第一次执行发射任务。当时，我作为长征七号副总设计师，全程见证并参与其中。此次发射可谓行云流水、一气呵成，证明了我们的研制试验等工作是充分的、到位的，也证明了该型火箭可靠的性能。

"把成功作为信仰。"这是运载火箭系统常说的一句话，表达了我们共同的心声。然而，取得成功从来不易，尤其是在空间站建造任务推进，火箭发射频次日益提高的背景下。我们必须摒弃传统上靠长时间、高成本保障成功的老路，开辟以高质量、高效率、高效益为特征的可持续发展新路径。为此，我们持续采取流程优化的手段并取得丰硕成果。比如，按照传统操作，长征七号遥五火箭必须在发射前12小时进入流程，我们采用煤油和液氧并行加注，把时间大幅压缩，使其在发射前8小时进入流程即可。

展望未来，我对长征七号在确保质量前提下进一步提高效率的前景很乐观，比如就测发效率而言，目前的水平是火箭进场后27天可完成发射，后续有望进一步压缩到20天至23天。

航天情怀 星辰大海

1992年，中国载人航天工程正式立项实施。1993年，我从北京航空航天大学毕业，进入中国运载火箭技术研究院总体设计部工作。可谓正逢其时，我不仅非常幸运地赶上了中国载人航天工程起步并迎来大发展的黄金时机，而且参与了"长征二号F""长征五号""长征七号"等火箭型号研制工作，它们均是承担中国空间站建造任务的主力。在此过程中，我从一个跟着前辈学习锻炼的年轻人，逐步成长为带领新一代航天后辈攻坚克难、冲锋陷阵的领衔者。

说来有些遗憾的是，我从事航天事业30年了，参与了很多航天任务，但很少有机会目睹火箭发射，因为发射时，我需要在指挥大厅工作。我们通过大屏幕，紧盯着视频画面和火箭飞行数据，直到屏幕切换到成功的"标配"——让人喜气洋洋的大红屏，我才能松一口气，而后与大家一起尽情享受成功的喜悦。

有一次发射让我印象极为深刻。那是2021年9月20日，中秋节的前一天，长征七号圆满完成天舟三号货运飞船发射任务。指挥大厅的屏幕照例是喜庆的大红，而后突然切换到一个画面——蓝紫色的星空背景上，有几句用行楷字体写就的词慢慢铺陈开来：一轮秋影转金波，天舟又将泊，乘风好去，长空万里，飞去会天和。品味激动人心的胜利喜悦，欣赏清新典雅的唯美词作，那一刻真是美妙无比！

长征七号是我们的孩子，我们给他长情的陪伴，对他的成长倾注无尽的心血。他每次出征太空前，我都前往深情相送：距离点火发射约4小时，我会来到发射塔架，从上到下走一遍，仔细端详火箭一番，心中默默叮嘱："孩子！好好的，飞稳点。"是的！他懂得我的意思，从没有辜负过我的期望。

天宫空间站已经建成，属于中国人自己的"太空之家"在九天之上与星辰为伴，探索宇宙的奥秘。我们长征七号团队使命在肩，今后该型号火箭每年将护送1艘到2艘货运飞船飞天，为"天宫"长期运营提供强有力支撑。

星空浩瀚无垠，太空探索永无止境。这里，我想告诉从事航天事业的青年朋友，航天的舞台很大，可以充分展示你的才华；航天的未来很远，可以助力实现你的梦想。让我们把个人的梦想融入时代发展的大潮，在建设航天强国的征程中，建立功勋，成就非凡的人生。

知识拓展：

长征七号是中国运载火箭技术研究院（简称"航天一院"）为总体研制单位负责研制的新型液体燃料运载火箭。它是中国载人航天工程为满足中国空间站工程发射货运飞船而研制的新一代中型运载火箭，其前身是长征二号F运载火箭。

长征七号火箭全长53米，采用"二级半"构型，芯一级、芯二级直径3.35米，4个助推器直径2.25米，采用液氧、煤油等无毒无污染燃料作为推进剂，火箭起飞质量约597吨，起飞推力727吨。近地轨道（LEO）运载能力为14吨，700千米太阳同步轨道运载能力约5.5吨。

长征七号运载火箭研制成功，是载人航天工程空间实验室飞行任务的开局之战，实现了"成功首飞"的预定目标，为后续任务打下了坚实基础。

王翔

（张武昌绘）

"面对难关，我们不仅要攻破技术原理，而且要把工程实现的全过程走通，把每件产品质量做到极致,把各种状态摸透。"

我叫王翔，毕业于清华大学工程力学系，进入中国空间技术研究院总体部工作后，从事神舟飞船与天宫目标飞行器交会对接研制任务，带领团队突破并实现交会对接技术。参加了神舟六号以来全部五次载人飞船和天宫目标飞行器的研制与飞行试验任务。

科技人生轨迹：

▌ 1991 年　考入清华大学工程力学系

▌ 1996 年　本科毕业后直接攻读博士学位

▌ 2001—2003 年　赴德国马普金属学研究所从事博士后研究

▌ 2003 年　进入中国空间技术研究院总体部工作，历任神舟飞船主任设计师、神舟飞船副总设计师、空间实验室系统总指挥，现任空间站系统总指挥

中国"天宫"：世界航天丰碑

王翔

神舟八号

数字空间站

电性空间站

"T"字构型

太阳翼

　　一横一竖组成遨游太空的"T"字，积十多年苦功，中国天宫空间站建成了，铸就了中国载人航天工程和世界航天史上的一座丰碑。作为中国空间站建设的一分子，我以参与中国"天宫"建设为自己的最大荣耀。

三步走，步步为营

　　1992 年 9 月，中央决策实施载人航天工程，并确定了中国载人航天"三步走"的发展战略。第一步，发射载人飞船，建成初步配套的试验性载人飞船工程，开展空间应用实验。第二步，突破航天员出舱活动技术、空间飞行器交会对接技术，发射空间实验室，解决有一定规模的、短期有人照料的空间应用问题。第三步，建造空间站，解决有较大规模的、长期有人照料的空间应用问题。

第一步是最基础的工作，目标是保证中国航天员能在太空生存，能安全返回。第二步主要是做突破性、验证性工作，实现中国航天员出舱，具备在太空工作的能力。这两步都是在为第三步做验证和铺垫，其中空间交会对接是至为关键的技术之一，空间站的组装、建造和长期飞行都要靠该技术来实现。

2003 年，我进入中国航天科技集团五院即航天五院工作，第一个从头到尾参与的项目就是神舟八号，其核心目标是突破空间交会对接技术。按照规划，先发射 1 艘无人飞船（神舟八号）来验证无人空间交会对接技术，之后再实施 2 艘载人飞船即神舟九号和神舟十号任务。这 3 艘飞船是主备份关系，即如果神舟八号没有达到任务预期目标，就由神舟九号继续验证，神舟十号载人飞船则验证载人空间交会对接技术。由于神舟八号顺利完成了使命，神舟九号的任务被确定为验证载人交会对接技术，神舟十号的任务则是实现首次应用性飞行。

作为目标飞行器，天宫二号其实是天宫一号的备份，其最初就被命名为"天宫一备"，由于天宫一号任务圆满成功，天宫二号的任务被确定为开展航天员中期驻留、推进剂在轨补加、在轨维修技术试验等。

就这样环环相扣，中国载人航天工程稳步前进。

2010 年 9 月，《载人空间站工程实施方案》获批。之后历时约 12 年，经过空间实验室任务和空间站任务两个阶段，中国"太空之家"在轨建成。

"T"字构型，可以拓展

除在九天之上运行的天宫空间站之外，我们其实还有两座"空间站"：一座是与天宫空间站1：1镜像的"数字空间站"，用于进行仿真验证和数字推演等；另一座是测试用的"电性空间站"，其软硬件与在轨运行的"天宫"一模一样，可以实现与在轨的航天员视频连线并同步模拟系统工作与在轨活动等。通过这两座"空间站"，我们能够实现天地协同。

为了保障可靠、安全、长寿命运行，天宫空间站进行了一些冗余备份设计。要指出的是，这些冗余备份是经济的，不会出现"死冗余""呆冗余"。比如，在3舱组合后，冗余备份可以共用，充分体现了"1+1=1"设计理念。再比如，核心舱虽然在载荷支持功能方面不如实验舱，但配置很高，仅控制系统的星敏感器就有4个，可以减少实验舱上的星敏感器数量。

中国"天宫"是一个可更新、可开放的系统，不仅能够实现硬件设备的维修、更换和升级，而且其本身可以根据需要拓展。"T"字基本构型建成后，可以在前向对接新舱段，形成"十"字构型，新舱段上带有节点舱，增加4个对接口和1个出舱口，既可以为巡天望远镜这一级别的航天器进行补给、维护和服务保障，也可以对接舱段级的"大块头"科学载荷。将来，国外的飞船或舱段也可以与"天宫"对接，这将大幅提升国际空间合作的水平。

目前，我们正在开展第四个舱段的方案论证和先期设计，将把更多精力用在为航天员提供更多活动空间、增加人性化设计、提升用户体验上。比如，把仪器仪表设计得更有科技美感，更适于随身穿戴。再比如，使操纵杆更符合人体工学、功能更强大。

最优解，彰显智慧

关于中国空间站构型布局，先后有十几种方案摆在桌面上供讨论和选择。综合多方面因素，特别是适配天地环境、满足功能性能要求、保障重要设备在轨工作等，我们最终选定"T"字构型。

选"T"字构型可以获得最大发电效率。通过在"T"字"横"的两端，设置双自由度太阳翼，能够保障最大限度利用太阳光。

"T"字构型可以保持前向、后向、径（下）向三向对接能力。前向、径向两个对接口可以接纳两艘载人飞船实现轮换，而且两个对接口都在轨道平面内，飞船可以在轨道面内沿飞行方向和沿轨道半径方向直接对接，无须对接后再转位，更安全。后向对接货运飞船，天宫空间站可以直接用货运飞船发动机进行轨道机动。

"T"字构型是最优解，彰显了中国航天人的智慧。

难关多，逐一攻克

空间站重在科研应用，我们所有的努力都旨在为科研应用打牢基础，让平台、结构、能源、信息、控制、生命保障等功能经得起考验，做到令人放心，同时赋予其足够的扩展能力和适应能力。

当然，要做到令人放心并不容易，在这个过程中，我们遇到了很多难题，其中有两类颇具代表性。

第一类与长寿命、长周期、长时间有关。一些材料在前期表现很好，却在工程研制中出现问题，导致做长寿命试验时未能抵近极限。一些小尺寸材料做防原子氧处置效果很好，但是使用一些新方法、新技术在某些大尺寸材料上做时，就容易出现瑕疵。

第二类与在地面无法完全真实模拟某些空间环境有关。地面仿真手段有限，对仿真对象了解不够深入，导致仿真模型不够准确。比如在液体收集管理方面，即使我们在地面试验中做到收集率达到99%，在太空中达到98%也会造成麻烦，因为液体残留量会日积月累。

航天领域老前辈们常说："识别关键技术进行攻关。"面对难关，我们不仅要攻破技术原理，而且要把工程实现的全过程走通，把每件产品质量做到极致，把各种状态摸透。可以说，我们一直在努力识别"未知"，量化"已知"，并通过各种分析验证，借助相关数据反馈，把难关逐一攻克。

"天宫"的实验舱上有一对硕大的太阳翼，可以像大风车一样360°转动，非常炫酷。这对太阳翼就是我们用上述方式攻克难关取得的一大硕果。

该太阳翼尺寸特别大，单翼长约27米，展开面积138平方米。如此巨型的翼在轨展开后会产生怎样的振动呢？由于在地面无法进行等尺寸动力学特性验证，我们只能从局部入手，对太阳翼伸展机构做单独的动力学特性验证，再通过仿真、数值补偿等办法推出完整的动力学特性，再结合核心舱的一套辨识系统，监测其太阳翼在轨振动、扰动情况并测出振动频率。据此，我们在实验舱发射前对其太阳翼控制参数、仿真模型参数进行了修正。最终，实验舱振翅高飞，助力中国"天宫"遨游太空。

忙验证，三线并行

天和核心舱在发射入轨后约1年间，在两艘载人飞船和两艘货运飞船配合下，完成了"关键技术验证阶段"。这一阶段是系统工程一个生命周期寻求满意解的"最后一公里"。对于空间站建造来说，在该阶段有空间站推进剂补加、再生生保、舱外操作、在轨维修等七大关键技术要在轨验证。

再生生保即再生式生命保障，它是人类实现中长期载人飞行最核心的关键技术之一，既受微重力环境影响，又有时间效应。在空间站微重力环境下，水处理、尿处理、电解制氧等构成的自我循环系统与在地面的表现不同，同时需要足够长的时间才能建立起物质平衡，这就需要航天员在轨生活数月进行验证。

2021 年 6 月，神舟十二号飞行乘组进入核心舱，中国空间站开始载人飞行，对相关性能进行在轨验证。之后，神舟十三号和神舟十四号飞行乘组入驻"天宫"，进行了一些舱外操作验证，完成了对空间站上机电产品、有流体回路产品的设置。值得一提的是，神舟十三号航天员乘组在地面科技人员的密切协同下，在空间站核心舱内采取手控操作方式，圆满完成了天舟二号货运飞船与空间站组合体交会对接试验。

空间站关键技术验证阶段之后就是空间站在轨建造阶段。那几年，我们一边研制舱段，一边做空间站关键技术验证，还一边谋划空间站长期运行模式，可谓三线并行。

大系统，团结协作

空间站的设计空前复杂，系统多、接口多、状态多，组织体系和设计体系特殊。

舱段上各分系统由众多单位负责，研制难度超过了很多航天器。由于各部分自身是一个独立系统，同时又要融入整个大系统中，因此涉及大量协调和优化工作。

作为中国空间站系统总指挥，我时刻关注各分系统之间的相互影响，从空间站大系统的视角来看问题，做"系统决策"。让我非常感动的是，空间站系统所有参与人员多年如一日，兢兢业业、精益求精、忘我工作，着眼大局、服务大局、团结协作。大家为了完成同一个目标倾情付出，贡献自己的汗水和聪明才智。

中国载人航天工程系统当然是更庞大的系统，除了空间站系统之外，还有载人飞船系统、货运飞船系统、运载火箭系统、发射场系统、测控通信系统、着陆场系统等。只有各系统群策群力、密切协作才能保障中国载人航天工程取得成功。

多年来，中国空间站系统获得其他兄弟系统的鼎力支持。飞船系统的有些技术已经应用很久，非常成熟了，但是为了适应空间站需求，做出了必要调整。对于运载火箭系统，空间站不仅要求其推力大、起飞重量大，而且要求箭舱分离时的冲击力小。火箭系统团队与我们精诚合作，携手实现了目标。空间站舱段发射对入轨精度要求高，对发射时间窗口有限制。为了满足要求，发射场系统团队和火箭系统团队积极努力，使空间站舱段精准入轨，给空间交会对接创造了良好条件。同时，测控系统不断优化陆、海和天基测控资源，提供优质测控服务。

航天是"千人一枚箭、万人一杆枪"的事业，正是靠着万众一心的团结协作精神，中国空间站才能建成，并遨游于九天之上。

随着中国"天宫"的诞生，中国航天站上了新起点，国际科技界拥有了一项新的太空科研基础设施。我们深信，这座由中国人设计并主导、向世界开放的空间站将充分体现载人航天的价值，为人类进一步认识宇宙、更好利用空间资源作出卓越贡献。

知识拓展：

北京时间2022年11月3日9时32分，空间站梦天实验舱顺利完成转位。这标志着中国空间站"T"字基本构型在轨组装完成，向着建成空间站的目标迈出了关键一步。

为什么是"T"字构型？中国空间站三舱布于同一平面，形成"T"字，可谓独具匠心。这样一来，不管空间站以何种姿势飞行，都能受到阳光的照射，从而获得高效的发电效果。同时，问天、梦天两个实验舱的气闸舱分别位于"T"字一横的端头，正常工作泄压或异常隔离时均不影响其他密封舱段构成连贯空间，保证了安全性。作为"T"字那一竖的天和核心舱，在这个对称关系中仍然保持着前向、后向、径向三向对接的能力。

另外，为了让"T"字构型更加稳定可靠，研制团队高度关注中国空间站的系统集成，独创性地设计出一体化整站三舱，构建了一个"组合体核心"，作为"最强大脑"对整个空间站进行统一管理，保证各舱段、飞行器动作协调。

这样的总体设计，充分体现了中国空间站建设"在规模适度条件下追求高效率"的目标，具有极高的资源利用效率和较强的可靠性。

容易

（张武昌绘）

"就是这远远的短暂一瞥，激发起我们无比强烈的使命感和责任感：要确保他们的安全，要为中国载人航天事业的发展高度负责。"

我叫容易，先后毕业于国防科技大学航天技术系空间工程专业和清华大学工程力学系动力工程及工程热物理专业，进入中国运载火箭技术研究院工作并全程参与了载人航天工程交会对接和空间实验室的任务。

科技人生轨迹：

▍ 1978年10月　出生于湖北省恩施土家族苗族自治州

▍ 1997年　考入中国人民解放军国防科技大学航天技术系空间工程专业

▍ 2001年　保送进入清华大学工程力学系动力工程及工程热物理专业攻读硕士、博士学位，专门研究"气固两相流"课题

▍ 2006年　毕业于清华大学，获得工学博士学位；进入中国运载火箭技术研究院从事博士后研究工作

▍ 2008年　从中国运载火箭技术研究院博士后站出站，留任火箭院总体设计部，成为一名火箭设计师

▍ 2013年　任神舟十号任务火箭指挥

▍ 2017年　担任重型运载火箭副总师

▍ 2020年　调任某型载人运载火箭总设计师，当选为国际宇航科学院通讯院士

▍ 2021年　担任长二F运载火箭总师

中国载人火箭实现光照世界航天史的巨大飞跃

容易

长二F运载火箭

神舟十号

使命感

责任感

敬畏

最美人间四月天，春和景明时节，大漠深处的酒泉卫星发射中心还略有凉意。就在这里，5 个多月前，长征二号 F 遥十七运载火箭凌空而起，把神舟十七号飞船送入太空。那激动人心的一幕幕仿佛就在昨日、仿佛还在眼前。

近年来，长二 F 系列运载火箭接连出征太空，圆满完成了发射神舟载人飞船任务，为中国空间站的建造、应用与发展作出了卓越贡献。

"有我们，请放心！"作为中国火箭人，我们多年来一直为这字字千钧的承诺而努力奋斗，为铸造高可靠性和高安全性的长二

F 运载火箭而倍感骄傲和自豪。

载人飞行　人命关天

2004 年，有关方面决定开始研制改进型长二 F 火箭，以更好地满足空间交会对接任务的需求。2006 年，我进入中国航天科技集团一院即中国运载火箭技术研究院工作，之后很快加入了改进型长二 F 火箭研制队伍，开始从事故障检测和逃逸系统的总体设计工作。

长二 F 是截至目前中国唯一在役发射载人飞船的运载火箭型号。与其他型号火箭相比，它拥有"专属"的故障检测和逃逸系统。然而，对故障检测和逃逸系统方面的知识，彼时的我还知之甚少，必须花大量时间和精力去认真钻研，特别是向荆木春、张智等前辈专家求教。他们是中国载人航天工程的资深大家，从 1992 年中国载人航天工程立项开始，就参与载人火箭的研制，都从事过故障检测和逃逸系统领域的工作。他们在这些方面给予我悉心指导。

正是在前辈们的关怀和引领下，我在业务能力方面取得很大进步，对负责的工作感到游刃有余并开始涉足型号总体工作，其中包括对运载火箭首飞前质量措施进行确认等。也正是从那时我开始全面了解中国载人火箭的质量管理体系和独有的"加严措施"，并逐渐接受载人火箭对质量最高标准、最严要求的理念。

我第一次去发射场执行任务是在 2011 年下半年，当时实施的是中国第一个空间实验室天宫一号和神舟八号飞船空间交会对接等任务。担纲天宫一号和神舟八号发射任务的均为改进型长二 F 运载火箭，由于发生了较大技术变化，该型号实际上相当于全新的火箭，因此没有安排载人飞行，我当时感到很放松，可谓从容不迫。

2012年6月，神舟九号载人飞行任务实施，担纲此次发射任务的当然还是改进型长二F运载火箭。我原以为自己会像之前两次那样，镇定从容，甚至游刃有余。然而没想到的是，当一看到大屏上出现航天员的身影，看见他们从火箭整流罩进入载人飞船，我内心就顿时紧张起来，耳边反复响起前辈们经常挂在嘴边的那句警示语："载人航天，人命关天！"是的，航天员把生命交给了我们。作为载人火箭的研制者，我们肩负沉甸甸的责任，必须时刻心存敬畏，必须为了确保他们的安全而精益求精、拼尽心力。

我们载人火箭团队有一个惯例：在点火发射前约3小时，火箭各系统的主要人员都去发射塔架，查看火箭的最后状态。此时恰逢航天员登塔、上箭、进舱，我们在塔架上能远远地看到他们搭乘电梯的身影。就是这远远的短暂一瞥，激发起我们无比强烈的使命感和责任感：要确保他们的安全，要为中国载人航天事业的发展高度负责。这些早已成为我们的主观自觉，早已内化为我们的本能。

加紧完善　不遗余力

2021年初，我就任长二F运载火箭总师。彼时，准备执行神舟十二号飞船发射任务的长二F遥十二火箭、遥十三火箭到了"临出厂"阶段。我着手快速了解、熟悉它们最新研制情况和状态。

我经过详细深入调研，深刻认识到，这两发火箭最大的特点是技术变化非常多，与2016年成功发射的长二F遥十一运载火箭相比，技术变化有上百项之多，其中超过七成与提高火箭的可靠性和安全性相关。这既说明载人火箭的技术状态管控之严格，不管多么细小的改变都要经过严格的审批和验证，也彰显该型火箭经历了精益求精的艰辛历程，可靠性和安全性实现了"百尺竿头，更进一步"。

高可靠、高安全是载人火箭最本质的特征。提升可靠性和安全性一直是我们载人火箭队伍的核心目标和工作。在研制之初，载人火箭的可靠性指标被定位为 0.97，这在当时看来遥不可及。然而，通过 30 多年持续不断拼搏，中国载人火箭不仅如愿达到该目标，而且把可靠性评估值提升接近 0.99。这堪称光照世界航天发展史的巨大飞跃。

进入中国空间站建造阶段以来，为了最大限度确保航天员安全，有关方面要求执行"打一备一、滚动备份"的模式：每次发射一枚载人火箭，同时要有一枚载人火箭在发射场待命。待命载人火箭在解除值班任务后转为正式发射任务的火箭，由新火箭接替执行值班待命任务。执行该模式就意味着出厂执行新的值班任务的火箭在奔赴发射场时，发射场有一枚转为执行正式发射任务的火箭，由此催生了火箭质量管控特别是技术状态管控的新模式。

火箭改进在持续不断进行，新出厂的火箭相对于之前的火箭一定会有某些方面的改进，以进一步提升可靠性、安全性。随之而来的问题是，之前出厂并且已经在发射场准备转为执行正式任务的火箭该怎么办呢？要不要也进行改进呢？对此，我们的做法是，在新的火箭出厂前，逐一分析确认这些新的状态变化能否应用到即将执行任务的火箭上，能改进的方面必须全部实施改进，确实没有条件改进的，要逐一进行深入分析。

长二 F 遥十三火箭就是这方面一个典型的例子。当时，长二 F 遥十四火箭有一项改进：火箭助推和芯级的捆绑连接装置加一个防护罩。我们经过深入讨论，决定给遥十三也加上。于是，立刻着手设计安装方案，安排生产防护罩。经过各方协同努力，最终给遥十三落实了这项改进措施，可靠性进一步提升。

择优而用 追求完美

在发射场，长二 F 遥十二火箭暴露出多个质量问题，每一个都需要在现场做深入分析，工作人员必须连轴转，劳动强度很大。那一次，我们在现场的团队整整奋战了 1 个月。

我们一直秉承这样的理念：火箭在发射前出现问题并不是坏事，警示我们把工作做到尽善尽美。发现问题并彻底归零，就是进步。载人火箭更追求高可靠性和高质量的产品，有时候就需要对箭上的产品进行更换。在我们的团队里，有这样一个原则：如果有更好的产品可以更换，如果我们能够掌控更换上去产品的风险并将其消除，就一定将其更换上去。记得在发射场现场，我们更换过火箭动力系统蓄压器、动力系统膜片、控制系统的惯组、伺服机构等产品。对操作者来说，已有产品"下箭"到新产品"上箭"，毫无疑问会增加操作风险，所以我们在每一次更换时都万分谨慎，想方设法确保万无一失。

在这方面有一个让我至今都印象非常深刻的故事。在长二 F 遥十三火箭更换动力系统蓄压器时，我们当时就面临一个矛盾：要将其换下来，必须先把前面的管路断开，以腾出空间，然而卸下来再重新安装上去，管路的密封性能就可能不如之前。

那天，我一早在食堂门口碰到了工艺调度人员，询问相关情况。他们说，已经着手解决上述矛盾，能够消除管路密封风险，并且在前一天已经连夜安排从外地调运经过验收的同样产品。得知这个消息的一瞬间，我心里满是感动。他们没有选择规避风险，而是主动解决问题。一边是"求稳妥"，另一边是"求更优"，在二者之间必须做出取舍时，我们的团队成员从来都是讲大局、重协作，迎着困难上，全力以赴追求完美。

改进检测 制定预案

在实践中，我们发现绝大部分问题都发生在地面设备上。长期以来，地面设备检修是采用"加电"操作来进行的，经过探索和实验，我们建立了一整套对其进行检修的量化标准。

在完成长二 F 遥十二火箭任务之后，我们利用两次任务间隙，采购了专业设备，制定了专门的定量标准，对不同的地面设备进行定量测试，这使我们开展相关工作就更加具有科学性和针对性，特别是能够对相关设备是否满足要求，作出更准确判断。事实证明，这项创新是行之有效的，之后的两发火箭执行任务的情况表明，地面设备发现问题的数量大幅下降。

"做预案"是我们载人火箭团队一直持续做的事情之一。在执行神舟十三号任务时，我们需要针对其他型号发生的推进剂泄漏的质量问题，在现场开展举一反三。执行该次发射任务的是长二 F 遥十三火箭，其推进剂加注后是否会发生泄漏？据此该如何做预案？围绕这些问题，我们当时连夜开会，一直研讨到第二日凌晨。后来，大家决定在北京安排做一次试验，看看正常状态下推进剂加注后的形态。

在此一周之后，长二 F 遥十三火箭进行燃料加注，我们在现场等待对加注是否正常作出判断。因为之前已经做了试验，我们只需要把试验视频和现场视频做比对，就心中有数了。当发射场方面请我作为载人火箭总师作出判断并拍板时，我信心十足地说："没问题，往下进行！"

"预案宁可做到备而不用，也不能用而无备。"事后回想起来，如果之前没有做试验，我当时在现场是很难做出判断和决策的。

优化流程 提高效能

在中国空间站建造阶段，每年要实施两次载人发射任务，相对于以往平均3年一次载人发射而言，发射密度大大提高，我们的工作量数倍增加。

不仅如此，中国空间站建造任务开始后，有关方面对我们载人火箭团队提出了另一项要求：应急救援。也就是说，如果航天员在太空中遇到危险情况，必须确保有一枚能够应急救援的火箭，以最快的速度发射升空，把航天员安全接回地面。

这就意味着，执行一次任务，我们必须完成"正式火箭"和"备份火箭"两枚火箭的总装和测试。此外，我们还要科学设计应急火箭执行任务的流程。面对空前的时间压力和多任务并行的压力，如何进一步优化流程，显著提高工作效能，成为摆在我们面前的一道必答难题。

我们经过全面谋划分析，把火箭基础级、逃逸塔、整流罩分成3条线，将两发火箭的工作项目逐个细化分析，结合人员和资源情况，排出了局部并行的工作流程。我们开展了大量测试覆盖性分析，优化设置正式箭和应急箭待命前的工作项目，在实践中进一步挖掘提升效率的潜能，使流程更加顺畅，大大节省了时间。

特别值得一提的是我们制定的应急救援流程。太空应急救援对于我们而言，当时还是新事物，既要追求快，又要追求稳。我们经过反复推演讨论，给出了应急救援的工作项目和24小时工作制的实施方案。

"火箭，尤其是载人火箭，追求高质量永无止境。为此，我们唯有风雨兼程、永不停歇。"这句话鞭策我走过为国铸箭18年历程，它将指引我带领团队继续奋勇前进。

知识拓展：

　　运载火箭指将人们制造的各种航天器推向太空的载具。运载火箭一般为2—4级，用于把人造地球卫星、载人飞船、航天站或行星际探测器等送入预定轨道。末级有仪器舱，内装制导与控制系统、遥测系统和发射场安全系统。运载火箭是第二次世界大战后在导弹的基础上开始发展的。第一枚成功发射卫星的运载火箭是苏联用洲际导弹改装的卫星号运载火箭。

　　长征二号是中国研制的第一代液体运载火箭，成功发射返回式卫星，使中国成为世界上继美国、苏联之后第三个掌握研制、发射返回式人造卫星技术的空间大国。

钟兴

（张武昌绘）

"记得那时，我经常半夜才从实验室离开，在回宿舍的路上，仰望满天星斗，总是会想象有一天自己参与研制的卫星在天上工作的样子。长春的冬夜很冷，奋斗的年轻人内心火热。"

我叫钟兴，是中国科学院长春光机所研究员、博士生导师，现任长光卫星技术股份有限公司卫星型号总设计师、副总经理。

科技人生轨迹：

▌ 1982 年　出生于四川省自贡市

▌ 2004 年　从吉林大学毕业，获学士学位

▌ 2009 年　从中国科学院长春光学精密机械与物理研究所（简称"长春光机所"）光学工程专业毕业，获博士学位

奋斗的年轻人内心火热

钟兴

航天遥感

光学遥感卫星

吉林一号

灵巧验证星

大航天时代

　　天高云淡、层林尽染，又是金秋时节。我再次来到位于戈壁深处的酒泉卫星发射中心，漫步在落叶纷飞的胡杨林中，望着远处的发射塔架，不禁回忆起刚踏上科研道路时和参与卫星科技创新的一幕幕。

跨界出发　梦想启航

　　大学期间，我对光学技术产生了浓厚兴趣，决定将其作为研究生阶段的专业方向。2004年，我如愿考入中国科学院长春光学精密机械与物理研究所（简称"长春光机所"）光学工程专业，获得连续攻读硕士学位和博士学位的机会。长春光机所是中国光学事业的发源地，被誉为"中国光学的摇篮"。

刚入所就读时，我就听说所里正在参与载人航天工程光学有效载荷的研制，感觉到十分神秘，但对相关具体情况并不了解，对载人航天工程更是知之甚少。

当时的我，基本上每天都在实验室忙碌，充满好奇地研究各种光学零件，开展相关实验，但对自己的未来尤其是研究方向和工作领域等，还没有很清晰的规划。

有一天，我在实验室上网查资料，看到国外的一款与地图应用有关的软件，通过它，我第一次看到遥感卫星的高清地球照片，所在城市的街道、公园、学校等，千里之外的故乡小村落，都能在这些清晰的照片上很容易就找到。我不仅感到非常亲切，而且备受震撼，对航天遥感技术有了更深入和直观的认识。我梦想，假如有机会参与这样的技术研究、开发和应用，那该多好呀。

当时，长春光机所在时任所长宣明的带领下，正开展中国科学院三期创新重点工程项目的筹划。宣明提出，从全球来看，卫星技术已经发展到商业化应用阶段，载荷的重要性日益凸显，而以载荷为核心的一体化卫星技术，必将是遥感卫星的重要发展趋势，光机所应该成立一支队伍抓紧研究。所里决定，从在学的研究生里挑选人员，组成研究团队。我一听到这个消息，就毫不犹豫地报了名，并顺利地通过面试，成为研究团队第一批 8 名成员之一。

领衔研制 初战告捷

随着对航天的了解逐渐深入，我对卫星光学遥感更加着迷。而当 2008 年汶川大地震后，听到救灾所需的高分辨率卫星图像只能依靠国外援助时，我更加坚定了要做出全世界最好的光学遥感卫星的决心。记得那时，我经常半夜才从实验室离开，在回宿舍的路上，仰望满天星斗，总是会想象有一天自己参与研制的卫星在天上工作的样子。长春的冬夜很冷，奋斗的年轻人内心火热。

经过多年钻研，2012 年，我们开始正式研制"吉林一号"首批卫星。我担任其中最小的一颗卫星——灵巧验证星副总设计师的角色。这颗卫星虽然小，但肩负着 CMOS 国产探测器首次在轨验证、微纳卫星多模式在轨成像验证等重要任务。从开始研制到卫星发射前，我们不断遇到预想不到的问题，每天的心情都像坐过山车一样跌宕起伏。

航天产品的特殊性决定了其一旦飞天，就极难有机会进行维修，而我们是第一次研制卫星，没有相关经验，面临的压力之大可想而知。我记得，当卫星研制进入桌面全实物模飞测试环节，按照要求，需要 300 小时不断电进行测试，当时我们还没有全自动的测试系统，需要人工 24 小时不间断地监测。作为总体技术负责人，我其实参与轮流值班就可以了，但是我当时经常连续作业，因为我想亲自检查自己这么多年做出来的东西，性能到底如何。

虽然在研制过程中遇到了很多困难，但是我们一直充满信心，一直坚信：只要功夫下够了，再难的技术瓶颈，都一定可以突破；只要考虑到每个细节，我们的卫星就一定能成功。航天工程没有捷径，只有踏踏实实地去解决问题，在地面下足功夫，才能保证卫星在天上经得起考验。

2015 年 10 月 7 日，包括灵巧验证星在内的"吉林一号"首批卫星从酒泉卫星发射中心成功发射入轨。之后，我接连经历了 3 个刻骨铭心的时刻：收到第一帧对卫星遥测的信号时，使卫星建立三轴姿态成功对日时，收到第一幅卫星图像时。每一个时刻的到来，我都是先激动地跳起来，接着拉过身边的同伴，热烈拥抱庆祝。当时，我那种欣喜若狂、激动万分的心情，或许只有夺得奥运冠军的运动员才能真正体会吧？

从研制灵巧验证星的经历中我体会到，伟大的事业能给人们带来丰富而独特的感受，尤其是当一群志同道合者，为某个崇高的目标携手努力、久久为功，终获成功时，他们那一刻收获的幸福将内化为永久的记忆，成为生命的一部分。

研以致用 打造星座

日居月诸，光阴似箭，从初入长春光机所至今，转眼间近20年过去了，我从对航天遥感懵懵懂懂，到担任型号任务的载荷光学设计师，再到担任卫星型号总设计师，一路走来，我幸运地见证并参与了中国第一家全产业链商业航天公司——长光卫星技术股份有限公司（简称"长光卫星"）的诞生与发展的全部历程，深刻感受到科研院所的科研成果要变为真正的产品与服务，必须和产业深度结合。就卫星的研制与发射而言，如果仅仅把卫星当作一项科研成果，那么发射后只要正常工作，该项科研工作就结束了。而对于把卫星作为信息获取装备，向用户提供服务的企业来说，卫星完成在轨测试，仅仅是提供服务的开始。科研成果到底能不能真正得到用户的认可？能否提供稳定的服务？这些问题只能通过企业的市场化运营来回答。

科研重在应用，创新成果只有在应用中才能真正实现其价值。我强烈地想知道自己参与研制的卫星，能否真正满足应用需求，能够创造多大价值，如何创造更大价值。在"吉林一号"首批卫星升空的那一刻，我就对自己说，这不是结束，而只是一个开始。此后不久，我就离开长春光机所的科研事业单位体系，全职进入长光卫星工作。

随着对国内外遥感卫星市场和应用的了解逐渐深入，我和科研团队深刻认识到，与欧美发达国家相比，中国卫星光学遥感技术还有不小差距，必须奋起直追。我们通过研究国际先进商业化卫星公司的发展经验，基于国内特别是长光卫星的科研实践，提出了"以载荷为核心、平台载荷深度融合"的设计理念，主张发展"星载一体化"技术，以此推动中国航天遥感技术和产业实现跨越式发展，努力迈向国际先进行列。

随着信息时代卫星应用需求的急剧增加，高空间和高时间分辨率的卫星星座系统已成为世界航天强国重要的建设目标。目前，国际领先的航天企业正在开展大规模卫星星座的密集部署，通过大量卫星组网，更快地覆盖地球各个角落，提供更优质的卫星数据服务，从而取得竞争优势。而实现卫星批量化生产是实现上述目标的关键之一。我们在多年的商业航天信息服务实践中，不断吸取教训，总结经验，在光学卫星领域取得了批量化生产关键技术突破，彻底改变了传统的卫星研制模式，实现了卫星持续迭代。我们在提升成像质量、提高数据获取能力的同时，使卫星重量和成本降低一个数量级，生产周期显著缩短。目前，我们在国家发展商业航天的政策鼓励和支持下，已形成了先进光电成像技术、超大规模星座智能运管技术、遥感影像快速自动化生产技术、海量遥感大数据智能解译技术等先进技术集群，初步建成了国内最大的商业航天遥感星座，组网卫星已达到 100 多颗。

服务优质　赢得赞誉

近半个世纪以来，卫星遥感技术给人类观测地球方式带来革命性变化。遥感卫星可以用极高的效率从太空拍摄地球大范围的高精度影像，并将遥感影像解译成有价值的信息，通过卫星遥感和信息技术的结合，地球上任何有形的事物，都可以被反映、被存贮、被检索、被计算。无论是农业调查，还是对重大灾害的评估，卫星遥感所体现出的客观公正，已经让它成为很多行业不可或缺的信息来源。

"吉林一号"相关性能指标达到国际先进水平，就分辨率而言，星座中目前分辨率最高的卫星既可以从太空看到足球场上的运动员，也可以分辨出小汽车的前后挡风玻璃。凭借优异的性能，"吉林一号"成为促进社会发展和经济建设的一项重要航天基础设施。

多年来，"吉林一号"星座为农林、水利、自然资源等 14 个领域提供了 150 余项类别的精准服务。比如，我们用卫星监测裸土扬尘，进行精准治理，助力打赢蓝天保卫战；我们用卫星巡查河湖岸线、检测水体，促进水生态环境治理。

在为国内各行各业用户提供常态化服务的同时，"吉林一号"也迈开了服务全球的步伐，为 10 余个国家和地区提供了遥感数据服务，积极参与国际灾害救援，特别是在近年发生的尼泊尔雪崩事故、泰国城市洪涝灾害和土耳其强烈地震等救援过程中，"吉林一号"快速响应，第一时间通过相关国际组织，提供全球最快的高分辨数据，帮助开展灾害评估和应急救援工作，赢得了国际社会广泛赞誉，成为一张闪亮的中国航天名片。

星辰大海 扬帆远航

回望历史，15 世纪到 17 世纪，风起云涌的大航海时代大大推动了全球化进程，开启了真正的"世界史"。20 世纪 60 年代以来，高速互联网等现代信息技术快速发展，把人类带入联系空前紧密的"地球村"时代。进入 21 世纪，特别是近年来，迅猛发展的航天科技使人类探索星辰大海的能力持续增强，太空活动日益频繁，卫星发射已成为世界各大航天机构的日常操作，实施载人航天任务在公众眼中已成了普通的太空活动，月球不再那么神秘，火星的面纱也正在被一点点揭开，人类的探测器早已飞出太阳系，研制和发射宇宙飞船已经不再是国家级航天机构的专属能力。一切迹象表明，人类正在迎来大航天时代。

值得注意的是，近些年来，世界商业航天迅速崛起，有些国际巨头成为航天领域的新型战略力量。中国商业航天也呈现出加速发展势头，涌现出包括长光卫星在内的数量众多的火箭研发、卫星研制和数据应用的企业，成为航天强国建设的一支生力军，在国际市场上的竞争力日渐增强。

面向大航天时代，我们长光卫星人激情澎湃、豪气万丈，我们将继续披荆斩棘、风雨兼程，在建成国际领先的大型遥感星座基础上，进一步完善产业链，大力推进卫星研制、运管和应用的关键技术创新，牢记"向全世界 70 亿人提供一流的航天信息服务"的初心，为建设航天强国作出更大贡献。

知识拓展：

卫星遥感，是指从地面到空间各种对地球、天体观测的综合性技术系统的总称。

2015 年 10 月 7 日 12 点 13 分，"吉林一号"一箭四星在酒泉卫星发射中心成功发射，拉开了中国商业航天的大幕，创造了多项第一，标志着中国航天遥感应用领域向商业化、产业化发展迈出重要一步。

"吉林一号"作为中国自主研制的第一型商用高分辨率遥感卫星，已建成全球最大的亚米级商业遥感卫星星座，该卫星星座可对全球任意地点实现每天 35—37 次重访，可为农业、林业、气象、海洋、资源、环保、城市建设以及科学试验等领域提供更加丰富的遥感数据和产品服务。

贺开伟

（张武昌绘）

"凭着过硬的科技创新实力和关键核心技术，我们已生产1400多台盾构机，产销量连续6年世界第一，出口到了法国、澳大利亚、意大利、新加坡、韩国等30多个国家和地区。此外，我们还开展了激光、水射流破岩技术和智能掘进技术研究，形成22项国际领先技术。"

我叫贺开伟，是中铁工程装备集团有限公司掘进机研究院总工程师、技术孵化中心主任，获中国机械工业科学技术奖特等奖、中国铁路工程总公司科学技术奖特等奖。

科技人生轨迹：

▌ 1984 年 11 月　出生于重庆市璧山区

▌ 2003 年　考入辽宁工程技术大学机械工程及自动化专业

▌ 2007 年　毕业后入职中铁工程装备集团有限公司从事研发设计工作，历任设计师、分院副院长／院长、掘进机研究院总工程师

▌ 2017 年　获得中国建筑业协会创新成果奖

▌ 2020 年　获得中国优秀工业设计金奖

▌ 2022 年　获得中国岩石力学与工程学会科技进步奖

▌ 2022 年　获得中国机械工业科学技术奖科技进步奖

▌ 2022 年　获得中华全国铁路总工会"新时代·铁路榜样"提名奖

▌ 2024 年　获得大禹水利科技进步奖

盾构机科技创新永无止境

贺开伟

绿色盾构机

地下隧道

汕头海湾隧道

水射流破岩

自主知识产权

在位于河南郑州的中国中铁工程装备集团（简称"中铁装备"）盾构总装车间里，直径 9.16 米、相当于 3 层楼高、上百米长的盾构机已经进入调试阶段，2023 年 5 月已被意大利客户验收。

研发团队结合客户需求，创造性地为设备搭载了连续掘进技术和"绿色节能 TBM"技术，通过对盾构掘进过程中各系统的自动智能管理，实现与掘进地层的自适应调节匹配，自主达到掘进效率和能源消耗的最佳匹配，实现绿色节能目的。意大利客户赞叹："这是世界第一台绿色盾构机！"

虽然中国在隧道掘进机领域起步晚，但是中国科技工作者凭着敢为人先、攻坚克难、一往无前的"盾构精神"，通过约 20 年的接续奋斗，一步一个脚印，完成从完全依赖进口到引进消化吸收，再到自主创新的巨大转变；逐步实现了从跟跑到并跑，再到领跑的伟大跨越。

初心不改　逐梦启航

我的家乡是美丽的重庆璧山，那里的地貌总轮廓是"两山夹一谷"，即两个背斜山中间夹一个向斜谷。当地人长期只能通过蜿蜒曲折的山路进出，对外交通极为不便。开辟大道通途，让偏僻的家乡更好与外界交往，改变乡亲们的命运，就成为我儿时的梦想。

经过 10 年寒窗苦读，我顺利考上了大学，终于走出了大山，接触到广阔的外部世界。在大学期间，我读的专业是机械工程及自动化。这是一门应用学科，以有关的自然科学和技术科学为理论基础，结合生产实践中的技术经验，研究和解决在开发、设计、制造、安装、运用和修理各种机械中的全部理论和实际问题，其中就包括道路交通机械领域。

2007 年，我大学毕业，在选择职业时，儿时为山区修路的梦想激励我投身交通建设领域，运用自己所学的专业知识，为打通大山，发展山区交通事业作出贡献。

打通大山最有效的利器当然是盾构机，而中铁装备当时正致力于国产盾构机研发。于是，我就选择加入中铁装备，心中埋下了打造中国国产盾构机梦想的种子。

首战告捷　初露锋芒

盾构机学名叫全断面隧道掘进机，按照应用地质条件不同，分为硬岩掘进机、土压平衡盾构机、泥水平衡盾构机。国内习惯把后两种设备简称为"盾构机"。该类设备被称为"工程机械之王"，集机械、电气、液压、传感、信息、力学、导向研究等技术于一体。

地下隧道是很多重大工程施工的难点，传统开凿掘进依靠打风钻、放炮、刨石渣等方法，安全性和效率都很低下。为了加快基础设施建设，20 世纪 90 年代，我国斥巨资从德国进口了两台硬岩掘进机，用于西康铁路秦岭隧道建设。但这些进口机器不仅售价高昂，而且后续服务费用更高。

当时，我国基建大开发方兴未艾，对盾构机的需求量很大。中国中铁建设者清醒地意识到，唯有掌握核心技术，才不会受制于人，中国必须有自主生产的盾构机。2001 年，中国中铁盾构机研发项目组成立。2008 年 4 月，中国中铁自主研发的国内首台具有自主知识产权复合式盾构机"中铁 1 号"下线。

中国人自己研制的盾构机成功了！这极大地振奋了中国中铁建设者，同时也增强了盾构机研发团队的责任感和紧迫感。国外隧道掘进机技术已经发展 100 多年，拥有雄厚创新实力，占有绝对优势，完全掌握话语权。中国在此领域还只是初出茅庐的少年，虽然前程远大，但是困难重重，步履维艰。

2009 年，中铁装备承担第一台敞开式"隧道掘进机（Tunnel Boring Machine，TBM）"改造项目任务，我担任主要设计师之一。第一台意味着资料短缺，无经验可循。由于缺少经验，我们多次到现场测量、分析，以掌握第一手资料。通过一遍遍反复设计论证、改进，我们硬是凭着"5+2、白 + 黑"的拼劲，在上千次的改造方案中找到了最优解决途径，不仅完成了改造项目，而且在应用中创造了月掘进 1868 米的世界纪录。

牢记嘱托　挺进前沿

每一台盾构机都是针对地质条件和项目需求"量身定制"的。盾构机掘进面临非常复杂的环境，有时候是在地铁下面施工，有时候从100多米的深海底部穿越，有时候是在地震破碎带掘进……对设备的技术先进性、地质适应性和可靠性有很高的要求。

我国幅员辽阔，地质情况复杂，如何设计研发出门类齐全的盾构机，适应不同施工条件，是我们盾构人孜孜以求的目标。

2014年5月10日，习近平总书记在中铁装备集团考察时指出，"一个地方、一个企业，要突破发展瓶颈、解决深层次矛盾和问题，根本出路在于创新，关键要靠科技力量""推动中国制造向中国创造转变、中国速度向中国质量转变、中国产品向中国品牌转变"。

习近平总书记的讲话指引我们向新的目标挺进，激励我们向大直径、超大直径盾构机的研制发起新的冲锋。彼时，中铁装备用于修建地铁的盾构机刚实现量产，技术能力和产品性能与世界先进水平还有很大差距。

研制超大直径盾构机是满足国家建设需求的必然要求，然而超大直径并不是简单地把盾构机尺寸做得大一点就可以了。盾构机的直径每扩大一点，整个技术难度都会上升一个台阶，研制超大直径盾构机就意味着我们要连续实现一系列高难度技术突破，形成高技术创新集群。

国家需求是紧急命令，科技创新是光荣使命。作为时任中铁装备设计研究院泥水所所长，我正承担泥水平衡盾构机这一新领域的技术攻关重任，与同伴们一起全力以赴迎接一个个技术挑战，攻克一个个技术难关，持续提高中国盾构机研制水平。

山西太原铁路枢纽新建西南环线中的东晋隧道，盾构区间全长 4850 米，区间地质条件复杂，掘进路线长，大粒径高含量卵石层长达 1800 米。我们要为其研制一台直径超过 12 米的盾构机。

设计研发紧锣密鼓地开展，在设计过半时，我们突然收到消息，最新地层探测显示，地层中存在大量粒径 620 毫米左右的卵石，而此前报告显示这些卵石粒径只有 300 毫米。这就意味着我们前期设计的图纸几乎全部作废，必须推翻重新设计；同时，由于世界上还没有 12 米大直径盾构机处理 600 毫米大卵石的先例，我们新的设计只能完全靠自己摸索。

靠自己摸索重新设计对我们整个团队而言，无疑是一次创新精神和毅力的大考。当时，我们整个研发团队 32 人全部主动放弃周末，加班加点进行技术攻关、抢赶工期，这种高强度工作状态持续了两个多月。在辗转考察了 15 个工地现场，召开多次专项研讨会之后，我们最终敲定思路，重新设计开挖系统和排渣系统，打造出直径为 12.14 米的当时国内最大直径土压平衡盾构机，成功解决了各项施工难题。该机型在整机方面实现了四大创新，填补了我国在大直径土压平衡盾构领域研发的空白，标志着我国全面掌握了超大直径土压平衡盾构设计与制造中的一系列关键技术。

2015 年，"世界级挑战性工程"汕头海湾隧道启动建设。项目需要两台直径 15 米的泥水平衡盾构机。当时我们国内盾构机最大直径是 12 米。在 12 米以上，还没有国产的身影。

那段时间，我和同事们认真对照项目标准和要求深挖细研，反复向院士等专家咨询并开展论证，天天和团队成员在办公室聚在一起编制、修改、再编制、再修改技术方案。大家常常干到深夜，有时甚至通宵达旦。

2017 年 10 月 26 日，我国首台具有自主知识产权的超大直径泥水平衡盾构机"中铁 306 号"下线，打破国外对大直径盾构机关键技术的垄断。设备搭载的超高承压能力系统集成设计、常压换刀技术、主驱动伸缩摆动等关键技术，在国内都是首创。掘进过程中，"中铁 306 号"相继攻克了孤石群、高黏度软土、浅覆土高水压、海中高强度基岩凸起底层掘进及淤泥地层带压进仓等世界级施工难题，比同线的国外盾构机提前 76 天完成任务。

2018 年，我们研制的直径 15.8 米的泥水平衡盾构机"春风号"下线，让"中国造"盾构在国际化、高端化盾构市场站稳了脚跟，标志着我国超大直径泥水平衡盾构机研制技术达到世界领先水平。

自主创新　硕果累累

关键核心技术是要不来、买不来、讨不来的，掌握关键核心技术，必须靠自力更生，靠自主创新。中国盾构机的创新历程深刻地诠释了这一点。

2012 年，郑州市政府准备在该市中州大道与红砖路交叉路口修建一条地下人行隧道，如果按照传统的施工方法，势必会对地面交通和周边环境造成影响。如何打破城市道路频遭开膛破肚的"魔咒"？我们创造性地提出了"矩形盾构"施工方法。

矩形盾构需要挑战"大断面、浅覆土、长距离"等世界性技术难题，我们接到任务时，很想与国外专家开展技术合作，但是遭到他们的婉拒，并被告知，这是"不可能"的工程。我们只能顶住压力，独立自主开展技术攻关。

2013 年 12 月，两台宽 10.12 米、高 7.27 米的超大断面矩形盾构机下线，是当时世界上最大的断面矩形盾构机。设备顺利贯通，为地下工程施工开辟了一种新型的施工方法，在国际隧道行业引起了广泛关注。

后来，矩形盾构技术不断迭代升级，成功应用于新加坡及我国天津、四川成都、浙江嘉兴等地的项目工程，为城市下穿隧道、地铁出入口通道、地下停车场、综合管廊等地下工程建设提供新方案。

前不久，由隧道与地下工程专家、中国工程院院士陈湘生牵头，我们联合深圳地铁集团、深圳大学、中国水电十一局等单位，研制的世界最大断面组合式矩形盾构顶管机"大禹掘进号"（"中铁1179号"），在深圳地铁12号线二期沙三站项目顺利顶推始发，开创了世界上首次采用超大断面机械暗挖车站施工的先河。

多年来，我们坚持走自主创新之路，在隧道掘进机领域不仅提出新的概念，而且把它们变成了现实，取得丰硕成果。2016年，世界首创的马蹄形盾构机下线，施工项目获得了国际隧道协会技术创新项目奖。2018年，首创了盾构法联络通道施工装备，相关专利获得国家专利金奖。2019年，研制了世界首台超小转弯半径硬岩掘进机"文登号"，该设备成功应用于山东文登抽水蓄能电站工程，在我国首次将TBM工法引入抽水蓄能电站工程建设领域。2021年，研制了国产首台高原高寒大直径硬岩掘进机"雪域先锋号"，也是世界首台双结构硬岩掘进机，为高原高寒铁路高效建设提供极大助力；同年，世界首台全断面硬岩竖井掘进机，成功贯通浙江宁海抽水蓄能电站排风竖井项目，首次实现动力下沉和井下无人掘进施工，处于世界领先水平。2022年，解决了大倾角设备下溜、出渣堵渣、材料运输、流体液压容器自适应等技术难题，研制了国产首台大倾角斜井硬岩掘进机"永宁号"。"永宁号"的性能已经在洛宁抽水蓄能电站得到了验证。

凭着过硬的科技创新实力和关键核心技术，我们已生产1400

多台盾构机，产销量连续 6 年世界第一，出口到了法国、澳大利亚、意大利、新加坡、韩国等 30 多个国家和地区。此外，我们还开展了激光、水射流破岩技术和智能掘进技术研究，形成 22 项国际领先技术。

创新盾构　永无止境

地下空间奥秘无穷，盾构机科技创新永无止境。展望未来，中国隧道掘进机应用范围将向更深更大更复杂的工程施工领域迈进，面临的施工情况越来越复杂，遇到的挑战也越来越大。比如琼州海峡隧道，在约 150 米深的海底建设隧道且需要长距离安全掘进，在超高水压、复杂地质环境下，如何确保关键部件、核心部件的质量稳定性，是我们面临的一大难题。其中，盾构机的密封结构成为首要难题，目前世界上主驱动密封最大承压能力是 1500 千帕，而琼州海峡隧道的水土压力达到了 1700 千帕，超过了现有密封结构的极限。这需要我们携手相关厂家，通过科学实验、开展攻关，提升关键产品部件的质量。

我们将继续在核心部件、新材料、创新成果转化等领域加大努力，特别是积极推进智能掘进和绿色掘进科技创新，抢占世界掘进机科技制高点，打造更多凝聚中国创造、体现中国质量、代表中国品牌的大国重器，为世界隧道建设贡献更多中国方案和中国智慧！

知识拓展：

2024 年 5 月 19 日，17.5 米超大直径盾构机"山河号"在济南顺利下线，将应用于济南市黄岗路穿黄隧道工程，这是继济泺路穿黄隧道后的济南"携河北跨"又一新通道。

黄岗路穿黄隧道工程全长约 5755 米，其中隧道长约 4762 米，盾构段长 3290 米，采用单洞双层设计，双向 6 车道，同时，隧道 4.2 米净高可满足通行公交、消防、管理及救援车辆等要求，极大提高了通行能力。该隧道将长距离穿越全断面粉质黏土、钙质结核、胶结砂层等复杂地质，最深覆土厚度达 49.2 米，最大水土压力 6.3 巴（相当于指甲盖大小面积上承受 6.3 公斤的重量），对盾构机的性能提出了极高要求。

"山河号"超大直径盾构机是全球在建工程中应用的最大直径泥水平衡盾构机，它填补了 17 米级盾构机在黄河流域全断面粉质黏土施工领域的空白，对打破国外技术垄断、推动济南城市发展及保护黄河生态等具有重要意义。

知识精进篇

周永茂

（张武昌绘）

"虽然有困难，但我相信都能逐步解决。只不过有的困难解决得快一些，有的解决得慢一些。"

我叫周永茂，是中国工程院院士，中国核反应堆科技事业开拓者、奠基者之一，曾荣获 1978 年全国科学大会奖、1985 年国家科技进步一等奖、1987 年国家科技进步一等奖，并成功领衔研制世界首台硼中子俘获疗法专用核装置——医院中子照射器。

科技人生轨迹：

▍ 1931 年 5 月　出生于浙江省宁波市

▍ 1951—1955 年　在上海国立交通大学机床制造专业学习，获学士学位

▍ 1958 年　毕业于苏联莫斯科动力学院核能进修班

▍ 1958—1971 年　在核工业部原子能研究所担任研究室副主任

▍ 1971—1979 年　在核工业部 909 基地担任设计室主任

▍ 1979—1980 年　在中国科学院奥菲堆引进办公室工作

▍ 1980—1987 年　在核工业部（原子能研究所）中国原子能科学研究院担任研究室主任、堆所副所长

▍ 1995 年　当选为中国工程院院士（能源与矿业工程学部）

打通硼中子俘获疗法治癌"最后一公里"

周永茂

硼中子俘获疗法

中子射线

最后一公里

肿瘤

放疗

放疗是医治肿瘤的重要手段，大约70%的癌症患者需要放疗。传统放疗有百余年历史，但副作用很大。放疗目前已走向精准化，其中针对多发或复发、弥散状或较深部位癌患者的硼中子俘获疗法是精准靶向癌组织、实施更强辐射杀灭力的先进放疗方式。

硼中子俘获疗法是一种只杀死癌细胞而不损伤正常组织的精准放疗技术，其原理是：先给病人注射一种含硼的特殊化合物，该化合物对人体无毒无害，对癌症也无治疗作用，但与癌细胞有很强亲和力，进入人体后，迅速聚集于癌细胞内。这时，用一种中子射线进行照射，这种射线对人体的损伤很小，但中子与进入癌细胞里的硼能发生很强的核反应，释放出一种杀伤力极强的射线，该射线的射程很短，只有一个癌细胞的长度，达到精准杀死癌细胞而不损伤周围组织的放疗效果。硼中子俘获放疗的成熟，将能根治多种类型肿瘤，尤其是多发性、复发性、弥散性，以及生长在重要功能区或与容貌关联部位的恶性肿瘤，如浸润性脑胶质瘤、头颈部癌和生殖器区域的恶性肿瘤等。

国际发展处于"十"字路口

就国际范围内而言，硼中子俘获放疗目前发展水平如何？对此，国际资深硼中子俘获放疗药物学家、美国俄亥俄州立大学病理学系教授巴斯（Barth）与该校辐射肿瘤学系教授格雷库拉（Grecula）进行了深刻分析，他们在2020年初合作发表于美国《应用辐射与同位素》杂志的权威文章（简称《巴文》）中指出，国际硼中子俘获放疗当前处于发展的"十"字路口，并深刻剖析了其背后的原因。

《巴文》指出，硼中子俘获放疗经历70年临床开发，对超过1400例多种类型的癌症患者进行了治疗，总体处于第二期临床阶段，试治结果尚不足以使其被认为可以取代其他治疗癌症的手段。美国、日本、瑞典、芬兰、荷兰等国家的临床中心把脑瘤作为硼中子俘获放疗的临床试治癌症患者的首选类型，试治数量占硼中子俘获放疗治疗癌症患者总数的大多数，但没有足够证据表明硼中子俘获放疗具有明显超出其他疗法的强烈疗效。硼中子俘获放疗用于复发性脑胶质瘤和复发性头颈部癌症患者治疗开始较晚，在有的临床中心，试治的疗法响应较为明显，存活率较高，而在有的临床中心疗效一般。2018年，日本将硼中子俘获放疗用于生殖器区域黑色素瘤和乳头外Paget症（一种皮肤腺癌）患者，效果良好，彰显了该疗法对这类癌症的独特价值。

　　制约硼中子俘获放疗发展获得突破的最主要因素是中子源来源问题。在该疗法临床起步阶段，唯一可用的中子源是试验型研究核反应堆。实践表明：一方面，试验研究堆效果良好，切实保障了提供的中子源的质量、强度、稳定性、安全性，没有发生过一起事故；另一方面，试验研究堆弊端明显。一是临床使用时间受限，无法满足病情或医疗需求的随时使用。二是试验研究堆一般坐落在远离市中心的国家核研中心，位置偏远，戒备森严，再加上担心发生核辐射事故，不仅造成病患诸多不便，容易使其产生紧张情绪，而且高风险的病患由于现场缺少 ICU 设备与全科会诊力量，难以前去就诊。三是随着相关核反应堆到达寿期或老化退役，全球 10 多个硼中子俘获放疗临床中心被迫关闭。

　　掺硼的传输药剂是制约硼中子俘获放疗发展的另一个重要因素。由于人体的药剂分布系统研究极其昂贵，施行程序与涉及的工艺技术极为复杂，投资大、风险高，制药业集团没有意愿开发新的有效的掺硼药剂。此外，各国对药剂使用的监管与审批都日益严格。这造成很多相关药剂只作了细胞的试管内研究以及小动物验证，没有进一步开展药剂在人体的动态生物分布研究，而这是分析评估临床结果的前提和基础。由此导致虽然已合成了百余种掺硼的传输药剂，但应用于硼中子俘获放疗临床试治药剂的只有 2 种，并且与该疗法原理要求还有差距。

多国寻求突破各有斩获

　　各国科研人员努力摆脱硼中子俘获放疗发展困境。针对中子源来源问题，2008 年底，日本住友重工建成了首台加速器中子源，使硼中子俘获放疗不再依赖于裂变核反应堆中子源。2012 年 10 月，利用该中子源对 6 名复发恶性胶质瘤患者实施硼中子俘获放疗第一期临床试治。这是人类首次采用加速器超热中子束照射的临床试验。2016 年 2 月，利用该中子源对 24 名胶质细胞瘤多型体患者实施第二期临床试治。各方高度关注与期待日本能够公布这两项临床试治的结果，如果能与核反应堆中子源治疗效果一样好，那么将促使更多研发团组更方便、深入地开展硼中子俘获放疗临床试治，进一步展现该疗法的优势。

芬兰赫尔辛基大学中心医院的低能质子静电直线加速器是解决硼中子俘获放疗中子源问题的方案之一。该装置由美国麻省的中子疗法公司生产，以金属锂为中子靶，锂靶上的束功率约 78 千瓦，更适用于医院临床应用，且价格更有竞争力，具备颇有指望的应用前景。

在临床实践中，探索提高已有掺硼的传输药剂的使用效率已经取得成效。比如，在瑞典治疗脑瘤的临床试治过程中，通过提升一种药物剂量和施输，已经可使病患的存活时间较现行病例有可观的增加。此外，采用脉冲超声技术，可以使药剂在组织内的微观分布更合理，肿瘤细胞中硼浓度也有所增益；在动物实验中，改进药物传输方式，可使药物更畅通地进入脑组织；采用循环渗透泵把掺硼药剂直接输入大脑病灶，在治疗脑瘤的实验中效果明显。随着加速器中子源发展和未来可能普及的光明前景，制药财团也捕捉到巨大的市场机遇，加大研制掺硼的传输药剂力度，尤其资助新药物在大动物以及人体内分布的系统研究，必将促使硼中子俘获放疗临床获得更多突破性进展，进一步推动硼中子俘获放疗的发展。

医院中子照射器获国际点赞

在硼中子俘获放疗研究开发方面，中国起步并不晚。早在 20

世纪 80 年代，中国核科技界、医学药物界和一些新兴企业就开始了硼中子俘获放疗中子源、掺硼药剂以及临床相关的辐射剂量与细胞实验等探索，曾举行过 2 次硼中子俘获放疗学术交流会。然而，这些活动仅是业界甚至是个人的自发行为，缺乏关注、支持和引导，难以持续。尽管如此，中国在硼中子俘获放疗研究方面依然不乏亮点。2010 年，中国建成了世界首座专用于硼中子俘获放疗的核反应堆中子源装置——医院中子照射器。它是以我国自行研制的微型中子源反应堆为基础建造的，设计上具有固有安全性，彻底排除了产生堆芯融化的任何可能性，被国际原子能机构评估为"具有亲用户安全特性的核装置"。

医院中子照射器赢得国际同行的高度关注和点赞。2012 年，巴斯教授等多国 11 位业界顶级学者在美国《辐射肿瘤学》杂志上联名发表了一篇专题评论文章，其中提到，"一个有趣的新装置坐落在北京郊区。这是首座为硼中子俘获放疗专门设计的基于一种超安全性、低造价、可建于医院或居民区的反应堆"。同年，来自德、日、荷的多位业内权威学者合著的《中子俘获疗法的原理与应用》提到，"最近，一座专门为硼中子俘获放疗设计的新型、小型（30 千瓦）的核反应堆在中国北京距医院相对较近地方建成。这是从 1950 年以来专为该疗法建造的首座反应堆，会成为适用于医院选址的首座现代核能装置"。中国医院中子照射器临床治疗效果也可圈可点。利用该照射器，目前已试治了 3 例癌症（恶性黑色素瘤）患者并且都获得了非常好的疗效。

努力推动临床应用

令人痛惜的是，年设计照射病患能力超 500 例的中国医院中子照射器从建成投运 10 年间，仅试治了 3 例癌症患者。与此形成鲜明对比的是，同样是在 10 年间，芬兰依托一座中型研究堆提供的中子源临床试治肿瘤患者超过 300 例。中国肿瘤年新增发病人数高达芬兰总人口数的 80%，但到 2020 年，在中国将硼中子俘获放疗应用试治的只有医院中子照射器这一个装备，并且治疗病例只有芬兰的 1%，与硼中子俘获放疗临床病例全球数量第一的日本（823 例）更是相去甚远。

我多年来一直致力于领衔研发医院中子照射器并推动将其应用于临床，希望尽快打通这通向临床的"最后一公里"。

取得国家医疗器材认证是新型医疗器材进入临床的第一步。从 2016 年开始，我们连续 4 年向有关部门提交把医院中子照射器列为创新医疗器械的申请报告。2020 年，喜获批准。

万事开头难。硼中子俘获放疗作为放疗的新型方式应用于临床试治是各国普遍难题。日本首例硼中子俘获放疗临床试治是由特殊机制审批完成的，之后该国有多达 32 家医院或医学院校陆续建立硼中子俘获放疗研发团组，争相向核反应堆中子源输送照射病患。这使该国硼中子俘获放疗临床病例数量居全球第一。

医院中子照射器应用于临床难，建设的过程也历经波折。基于中国在微型核反应堆建设上的雄厚实力，医院中子照射器建设中的技术难题容易克服。但是医院中子照射器所用的固有安全性极高的微堆管理仍有诸多难题。

更好造福人类健康事业

山重水复疑无路，柳暗花明又一村。近年来，中国在硼中子俘获放疗领域特别是中子源开拓方面呈现出令人欣喜的新气象。

在微型核堆中子源方面，以启迪控股旗下的新核医疗为代表的中国科技企业，谋划建造新的微堆型硼中子俘获放疗中子源装置并整合多方力量，积极打通临床应用的"梗阻"。承担中国核能、核技术应用开发的中核集团也开始研究硼中子俘获放疗技术和产业开发。

中国科学院作为国家战略科技力量在硼中子俘获放疗领域持续发力。2018 年，该院建成了中国迄今为止单项投资规模最大的国家重大科技基础设施——中国散裂中子源，并计划把硼中子俘获放疗作为重点应用项目之首选。此外，中国科学院还研发了小型直线加速器中子源并已成功建成实验用的初步装置。

一些高校和医院的研发团队积极行动起来，通过国际合作或者直接进口加速器中子源装置，开展硼中子俘获放疗研究。

特别值得一提的是，2019 年秋，国家卫生健康委首次召集国内致力于硼中子俘获放疗研究的各个团队召开专题会议，听取情况汇报，调研了解该领域发展态势，进行全面准确的调查、摸底。该会议被业内看作中国硼中子俘获放疗发展历史上的一次重要事件，标志着硼中子俘获放疗发展的国家顶层设计工作已经启动。

中国年新增癌症和亡故症病患分别为约 430 万例和约 280 万例，对放疗尤其是精准靶向放疗的需求十分强烈。硼中子俘获放疗被临床实践证明是独具优势的癌症精准靶向放疗技术，中国作为世界第二大经济体和实力雄厚的核能大国，拥有先进核工程技术、辐射剂量测量技术、生物药剂合成与评估技术和现代临床医疗技术，应当在国际上相关领域发展处于"十字路口"之际奋起追赶，打通"梗阻"。相信在不久的将来，中国必将在硼中子俘获放疗方面取得更大成就，更好造福于广大人民群众和全人类健康事业。

知识拓展：

1936 年，一位美国科学家首先提出中子俘获疗法（NCT）原理，为 BNCT 治疗癌症提供了理论基础。中国开发的"医院中子照射器"体积小、功率低、造价低、操作方便且安全性强，是世界首台专为 BNCT 提供中子源的核装置，适合医院使用。

中子俘获疗法为癌症治疗提供了一种精准、高效且副作用相对较小的创新手段，有望改善癌症患者的治疗效果和提高其生活质量，在肿瘤治疗领域具有重要的潜在价值和发展前景。

汪品先

（张武昌绘）

"我拿得出手的东西基本是在 60 岁之后做出来的。"

我叫汪品先，是中国科学院院士、同济大学海洋与地球科学学院教授，长期从事海洋微体古生物与古海洋学研究，曾任国家"南海深部计划"指导专家组组长；曾以82岁高龄参加"深海勇士"号载人深潜航次，9天内3次下潜至南海1400米海底，获多项重要发现。

科技人生轨迹：

▎1936年11月　出生于上海市

▎1953年　毕业于上海格致中学

▎1953—1955年　在北京俄文专科学校学习俄文

▎1955—1960年　在莫斯科大学地质系学习

▎1981—1982年　获洪堡奖学金，在德国基尔大学做访问学者

▎1991年　当选为中国科学院院士

▎2011年　任国家"南海深部计划"指导专家组组长

中国海洋科技不断向深蓝挺进

汪品先

2022 年 4 月 10 日下午，习近平总书记在海南省三亚市先后考察了崖州湾种子实验室、中国海洋大学三亚海洋研究院，了解海南支持种业创新、发展海洋科技等情况。

在中共中央政治局第八次集体学习时，习近平总书记强调，建设海洋强国必须大力发展海洋高新技术，"着力推动海洋科技向创新引领型转变"。在全国科技创新大会上，习近平总书记指出："深海蕴藏着地球上远未认知和开发的宝藏，但要得到这些宝藏，就必须在深海进入、深海探测、深海开发方面掌握关键技术。"这些论述为我们推进海洋科技创新等工作提供了根本遵循。

中国深海科技处于发展黄金期

中国海洋科技起步较晚，但发展迅速。近些年来，特别是党的十八大以来，中国海洋科技取得了举世瞩目的成就，尤其在深海科技领域，实现了一个又一个重大突破，不断向深蓝挺进。

这些重大突破具体来说主要体现在以下方面。国家重点研发计划"深海关键技术与装备"重点专项顺利启动实施；7000 米级载人深潜器"蛟龙"号圆满完成海试任务，又经历了长达 5 年、8 万海里的试验性应用航次历程后，顺利进入业务化运行阶段；自主研制的 4500 米载人深潜器"深海勇士"号国产化率达到 95%；万米级载人深潜器"奋斗者"号成功挑战全球海洋最深处，坐底深度 10909 米，实现了"全海深"梦想。"潜龙""海龙""海燕"等系列无人潜器，4000 米深海拖曳勘探系统等一大批深海观测、探测装备研制试验取得突破；深海空间站重大工程开展论证设计；自主研发的深冰芯钻机完成了对南极大陆冰盖海拔最高点的多次钻探。

特别值得一提的是，中国的深海探索从太平洋世界最深处马里亚纳海沟推进到南北两极地区；在南海，通过 30 多个单位多年的通力合作，我们完成了规模空前的"南海深部计划"，赢得了科学探测南海的主导权，使其正在成为世界边缘海研究的典范。

可以说，中国的海洋事业从来没有像今天这样兴旺发达，深海科技从来没有像现在这样得到全国上下的共同关心支持。中国海洋事业和深海科技正处在发展的黄金期。

蓝色科技促进海洋资源开发

宇宙中有许多难为人所知的暗物质、暗能量。地球表面其实也有类似的情况，这就是面积辽阔的深海。海洋洋面 200 米以下是永恒的黑暗，长期以来绝大部分是人类认识的盲区，既留下了诸如"泥牛入海无消息"这样具有"不可知论色彩"的民间俗语，也导致了诸如"海底不漏"等很多错误的认知。随着科学考察的深入，人们对海底的认识增加了，比如，了解到海底是"有东西下去，也有东西上来"，既是终点，也是起点。

"黑暗食物链""深部生物圈"的科学发现，揭开了深海黑暗世界的一层神秘面纱。虽然科学界对于深海海底来自地球内部核裂变产生能量的过程十分陌生，更不清楚这类过程在人类社会里的应用前景，但是，对深海的探索还是逐渐开阔了人类的视野，不断改变着我们对海洋的认知，也逐步增强了我们开发利用海洋资源的能力。

深海的生物资源具有特殊、重要的价值。通过发展海洋渔业，我们不仅可以从深海获得丰富的蛋白质，而且可以获得宝贵的基因资源。深海生物尤其是微生物有着各种各样的"特殊功能"，比如，有的能适应高温高压，有的有着尺度惊人的长寿能力。提供这些特殊功能的基因无疑是无价之宝，有望在增进人类福祉方面起到重要作用。

获取油气资源是人类开发利用海洋的主要方式之一。1947 年，人类开始勘探海洋石油；20 世纪 70 年代，人类能够开采 300 米、500 米水深海底下的石油；1980 年后，人类可以开采超过 1000 米水深海底下的石油。海底油气资源开采量由此迅速增加，进入 21 世纪，海上油气开始占据海洋四大支柱产业之首的位置，开采自海底的原油、天然气约占 1/3。今天，人类已经可以开采 3000 多米水深海底下的石油。随着海洋科技的进步，不久的将来，60% 新发现的油气都将来自海底，特别是深海海底。深海海底也被认为是地球剩余油气资源重要储存区域，一些科学家甚至认为，世界上现在剩下的石油约 1/4 可能储藏在北冰洋洋底之下。

"三深"联合助力探索深蓝

深海资源宝藏琳琅满目，人类已经积累了一些开发利用的经验，但如何进一步深入认识海洋，让其更好造福自己，还有待进一步研究和探索，而这在很大程度上取决于深海高科技的发展和以此为支撑在"三深"即大洋"深潜""深钻""深网"方面取得的成就。

"深潜"包括载人深潜和不载人深潜两类，其核心是深潜器研制和利用。经过多年持之以恒的努力奋斗，我国已经形成了深潜装备"家族"系列，包括"蛟龙"号、"深海勇士"号、"奋斗者"号，"潜龙""海龙""海燕""海斗"等，实现了梦寐以求的"全海深"进入，为更好认识和利用海洋提供了雄厚基础。

"深钻"就是从海底向下进行科学钻探，技术要求高、经费投入大，必须依靠国际合作。国际大洋钻探计划从 1968 年开始，是国际科学界历时最久、影响最大的合作计划，已经在世界大洋钻井 4000 多口，取芯超过 40 万米，从多方面加深了人类对地球的认识。比如，大洋钻探证实了地球构造运动的板块学说，找到了气候长期变化的轨道驱动；再比如，在北冰洋的钻探发现，那里曾有一种名为满江红的水藻非常茂盛，表明 5000 万年前该区域曾是富含有机物质的温带湖泊，这让一些科学家认为北冰洋可能蕴藏丰富的石油资源。1998 年，中国加入国际大洋钻探计划，在第二年就成功实施了南海第一次大洋钻探，探索季风气候演变的历史。2014 年至 2018 年间，中国又接连完成 3 个半钻探航次，揭示了南海海盆张裂、海底扩张的历史。重要的是，所有这些航次都是在中国科学家提议、设计和共同主持下实施的。

"深网"就是建立海底观测网。人类对地球观测经历了 3 个阶段：第一个阶段在地面上、海面上观测；第二个阶段到空中去观测，就是开展遥感观测；第三个阶段到海底去观测，建立海底观测网。海底观测网可以不间断地进行长期现场观测，无论有台风还是地震都可以连续运作，将深海的现场数据实时送到实验室，极大提升对海洋的观测能力。比如，根据在太平洋 70 多个锚系的长期观测数据，科学家才形成对"厄尔尼诺"现象根源的认识，从而对其开展准确预报。

进入 21 世纪，发达国家掀起了建设海底观测网的热潮。2009 年，加拿大"海王星"观测网率先建成，水深 3000 米、缆线长 800 公里；2015 年，日本建成 S—Net 网，从本州岛连到太平洋 8000 米水深的日本海沟，布设 150 个监测站、缆线总长 5700 公里，号称世界最大的地震监测网；2016 年，美国 OOI 海底观测系统正式建成，包含区域网、近岸网、全球网三大系统，设置 900 多个探头对美国岸外进行多学科的海底观测；此外，欧盟 14 个国家参加的 EMSO 计划，从地中海直到北冰洋都将布设海底观测网。

中国 "深网"建设始于 2005 年，2009 年建设近岸的实验观测站。此后，又在南海北部进行了大量深水海流和沉积过程的长期观测。2017 年，我国国家海底科学观测网正式被批复建立，将在我国东海和南海分别建立海底科学观测系统，从海底向海面进行全天候、实时和高分辨率的多界面立体综合观测。2019 年，由同济大学牵头的国家大科学工程海底科学观测网正式动工。根据计划，该网将历时 5 年建成，届时将成为世界上最重要的海底观测网之一。

今天，中国深海科技已站在新的、更高的起点上，走在迈向高水平自立自强的征程中。我们广大深海科技工作者将牢记职责和使命，继续努力奋斗，全面推动深海科技创新，为建设海洋强国，为人类向深海进军，认识、保护、开发海洋贡献深蓝科技力量。

知识拓展：

"深海勇士"号载人潜水器简称"深海勇士"，是我国第二台深海载人潜水器，它的作业能力达到水下 4500 米。潜水器取名"深海勇士"，寓意是希望凭借它的出色发挥，像勇士一样探索深海的奥秘。2023 年 5 月 20 日，国家文物局利用"深海勇士"号载人潜水器对南海西北陆坡一号沉船进行了第一次考古调查。"深海勇士"号用锂电池取代了原先的银锌电池，从而使电池可用次数从 50 次增加到 500 次，使用寿命长达 5 年左右，有效降低了成本。此外，"深海勇士"号可从海底实时传输图像。

"深海勇士"号载人潜水器实现了我国大深度载人潜水器关键技术的自主创新，使我国具备了进入深海复杂环境进行科学考察和资源勘探的能力，推动了我国深海事业的发展。

王国栋

（张武昌绘）

"没有夕阳产业，只有落后技术。钢铁产业虽然已有200多年的历史，但是在一波又一波科技浪潮推动下，钢铁材料的更多性能被不断开发出来，持续改变人类的生产生活条件。"

我叫王国栋，是中国工程院院士，轧制技术领域的国际知名专家；东北大学教授，长期从事钢铁材料轧制理论、工艺、自动化等领域的应用基础研究和工程技术的研究，曾获国家科学技术进步奖一等奖、国家技术发明奖二等奖等奖项。

科技人生轨迹：

▎ 1942 年 10 月　出生于辽宁省大连市

▎ 1966 年　毕业于原东北工学院

▎ 1978—1981 年　在北京钢铁研究总院压力加工专业攻读硕士学位

▎ 1993 年　赴美国匹兹堡大学作高级访问学者

推进高质量发展，强健大国筋骨

王国栋

　　钢铁工业是国民经济的重要基础产业，为国家建设提供了重要的原材料保障，有力支撑了国民经济的健康发展，推动了我国工业化、现代化进程，促进了民生改善和社会进步。改革开放以来，我国钢铁行业迅速发展，到 2020 年，我国钢产量已经达到世界总产量的 57%，可以生产所有门类的钢铁产品。钢铁是大国"筋骨"，正是有了钢铁产业跨越式发展，我国才成为全球造船大国、工程机械制造大国、发电和变电设备制造大国……

　　国际钢铁产业竞争比拼的是产量，更是产品结构，尤其是高端特种钢材的生产水平和能力。进入新时代后，我国钢铁业大力推进产品结构优化和质量升级，以科技创新为抓手，全力推进中高端钢铁材料的研发，推进高质量发展，强健大国"筋骨"。

好钢是如何炼成的？

要弄明白如何炼出好钢，必须了解钢铁冶炼的过程。首先，把铁矿石和煤通过焦化和烧结的环节变成烧结矿和焦炭；然后，在高炉里进行化学反应，变成铁水；铁水经过转炉的冶炼、吹氧、去碳、降碳等操作，含碳达到一定程度；再经过精炼，把成分进行调整，进而变成了钢水；钢水再经过连铸以后变成钢坯；钢坯又经过热轧变成热轧产品；热轧产品又经过冷轧，变成冷轧产品，最终成为各种各样的钢材，比如型材、板材、管材等。

通过改变轧制条件就可以改变钢材的性能，我们如果能把轧制条件控制好，就能得到性能非常优异的钢材。调整温度是通过水，我们通过控制水量来控制轧制过程中钢材冷却的温度和冷却的速度，这就是控轧控冷技术。该技术通过控制加热温度、轧制过程、冷却条件等工艺参数，提高钢材的强度、韧性、焊接性能。

实现控轧控冷技术突破和创新是国际钢铁业追求的共同目标，各国科技专家都为此不懈努力，进行不断探索，但一度收效不大。比如，有的科技专家采用低压的层流水对轧制过程中钢材进行冷却，发现冷却效果不理想、传热效果不均匀，导致钢板不平整而"翘"起。此后，一些科技专家把冷却模式研究与金属指标、金属内部材料的变化结合起来，进而力图实现调整材料性能的目标。经过进一步研究，超快速冷却技术被开发出来。20 世纪 70 年代，国际上研制出超级冷却系统，可以实现高速均匀冷却，迎来了钢铁控轧控冷技术新的突破。

实现控轧控冷突破

作为中国钢铁科技工作者，我们不甘落后，全力实现钢铁控轧控冷技术自主突破。在实践中，我们发现，经过我们的淬火机，钢材淬火冷却到室温后，即使钢板最薄只有约 10 毫米，也依然能够保持平整。于是，我们就把钢材淬火机与轧机冷却系统两者结合起来，借助河北一家钢铁公司的轧机，我们研制出一套超快冷却系统。初步运行证明，这套系统非常成功。后来这套系统被应用于鞍山钢铁公司和首都钢铁公司并经过改进，生产出板型优质的钢材管线，为国家"西气东输"工程管线供给作出了重大贡献。我国由此成为世界上最优质管线钢的生产国。

在钢板轧制的冷却控制上，我们实现了从跟跑到并跑，再到开始领跑的巨大跨越，研制的超快冷却系统被应用于很多钢铁企业的生产线。特别值得一提的是，为适应一些企业的需求，我们对这套超快冷却系统做出适应性调整，做到与新引进的外国相关装备相兼容，很好地解决了生产线在热连轧生产冷却过程中的问题。

研制出钢管生产控冷系统是我们的另一项重要创新成果。传统上，钢管生产过程必须依靠加合金和后期热处理，而这两个过程都需要消耗相当的资源和能源，而通过控冷系统就可以达到相同的目的且做到绿色节能。为此，我们与宝山钢铁公司合作组成联合研发团队，经过 3 年、近 100 次工业性的实验，终于成功研发钢管生产控冷系统，并以此为基础对工艺布置进行了改造。

此外，我们近年来在钢铁科技上还取得了一些其他创新成果，其中包括：在材料方面，2018 年，我所在的东北大学轧制技术及连轧自动化国家重点实验室，在国际上率先研发出 2000 兆帕（MPa）级汽车用热冲压用高强钢。在应用方面，液化天然气低温容器国际上普遍采用的材料是 9Ni（镍）钢，我们用 5Ni 钢做出了 9Ni 钢的性能，实现了材料替代，大幅节约了成本。在生产工艺方面，我们研发出薄带连铸、无头轧制等新流程、新工艺，并向企业转化，可应用于多个重要钢种的生产。

推进钢铁产业"四化"

工业革命使钢铁生产从作坊式生产进入工业化大生产。在此后很长时期，钢铁工业给人们留下了高耗能、高污染的印象。第二次世界大战后，高科技不断为钢铁工业赋能，钢铁生产工艺不断改进，产品类型不断丰富，应用日益广泛。如今，以智能化为代表的第四次工业革命方兴未艾，使传统钢铁产业焕发出新的光彩。

纵观国际钢铁产业发展趋势，我们可以发现，世界先进钢铁企业都把生产自动化、降低能耗、提高人均产钢量和生产高附加值的"超级钢"作为发展方向。对于追求高质量发展的中国钢铁业来说，也应顺应产业发展趋势，闯出自己的"超级钢"之路。什么是中国"超级钢"之路呢？在我看来，应该包含四个维度，即实现"四化"：工艺绿色化、装备智能化、产品高质化、供给服务化。

工艺绿色化就是既要节省资源和能源，以最低的消耗生产高质量的产品，又要减少排放、降低污染，做到环境友好。近年来，中国钢铁业付出极大努力，特别是以科技创新为依托，综合采取各种措施，在绿色低碳方面取得了显著成效。比如，在水资源利用和保护方面，钢铁生产过程耗水量很大，但中国有些钢铁企业可以做到生产不需要用新水，把城市的废水和钢厂里的废水加在一块儿处理以后，再循环使用，在不增加一滴新水的情况下，可以生产1000多万吨钢，获得世界钢铁协会颁发的"可持续发展奖"。

　　装备智能化就是要通过智能化建设，让装备自己运行得越来越好。钢铁工业是流程工业，相关控制系统非常复杂，涉及多学科的结合和交叉，需要炼铁、炼钢、连铸、轧制专家和信息专家、自动控制专家一起深度参与。经过长期的建设和发展，钢铁行业已经具有先进的数据采集系统、自动化控制系统和研发设施，可以为我们提供海量的数据资源。我们要充分发挥钢铁行业海量数据和丰富应用场景优势，在工业互联网、大数据、云计算、5G网络等信息技术的支撑下，推进钢铁行业的数字化和智能化转型。

　　产品高质化包括两方面：一是现有产品要通过转型升级、提质增效，达到国际前列，直至世界第一；二是在领跑性、前沿性的技术方面，力争做到世界唯一。做钢铁等材料研究，我们要着重培养三种能力，第一种是表征和评价能力，第二种是合成和加工能力，第三种是计算和建模能力。相对来说，我国在计算和建模能力方面显得薄弱，亟待加强，这对于我们实现钢材产品的高质化至关重要。

　　供给服务化就是钢铁科技创新要紧盯生产一线，服务生产实践、服务产业发展。我们的科学研究要面向世界科技前沿、面向经济主战场、面向国家重大需求、面向人民生命健康。这要求钢铁科技工作者必须深入企业和实践中，在一线发现问题，再筛选出关键共性问题，上升到理论研究，然后和企业结合，转化到生产实践中，这样的科研成果必然会受企业欢迎，应用转化才能自然而然地实现。我们只有把钢铁科研的供给侧和钢企用户的需求侧紧密结合起来，甚至使二者融为一体，才能为钢铁产业的科技进步提供持续不竭的动力。

　　没有夕阳产业，只有落后技术。钢铁产业虽然已有200多年的历史，但是在一波又一波科技浪潮推动下，钢铁材料的更多性能被不断开发出来，持续改变人类的生产生活条件。创新永无止境，中国作为世界钢铁产业大国，在推动钢铁科技创新方面责无旁贷，我们要勇于担当、敢于挑战、善于创新，参与创造世界钢铁产业更加辉煌的明天。

知识拓展：

钢铁是现代工业的基础材料，广泛应用于建筑、机械、汽车、航空航天等众多领域。

从炼钢厂出来的钢坯只是半成品，到轧钢厂进行轧制以后才能成为合格的钢材产品，而热轧和冷轧就是常见的两种轧制流程。钢铁的热轧和冷轧主要有以下区别：热轧是在高温下对钢材进行轧制，能改善钢材内部组织，使其具有较好的韧性和可加工性，产品表面较粗糙，尺寸精度相对低；冷轧则是在常温下轧制，可获得更高的尺寸精度和表面光洁度，产品强度和硬度较高，但韧性相对降低，加工过程中可能会产生加工硬化。热轧的钢材主要应用于钢结构或者机械零部件，包括桥梁建设当中；而冷轧的钢材则更多应用于汽车行业或者小家电如洗衣机、冰箱等，包括建筑材料方面。

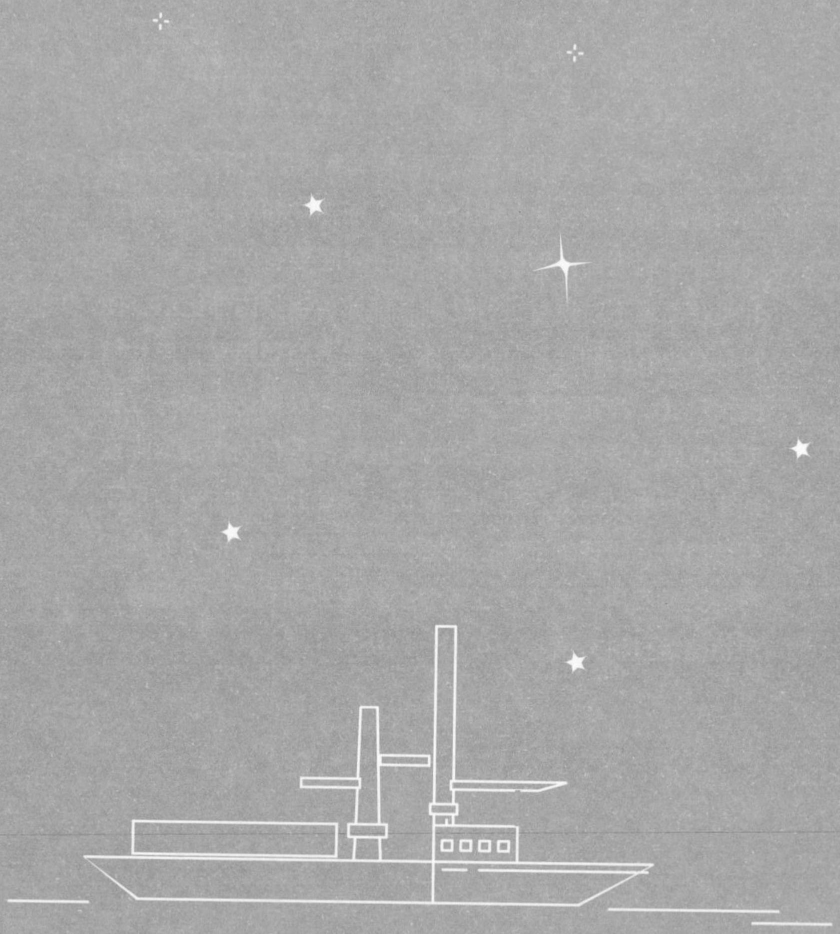

谭家华

（张武昌绘）

"培养创新型人才，起码要经历两个阶段：首先是'从1到0'，让年轻人能够在复杂的巨系统工程中发现科学问题；再是'从0到1'，探究科学前沿进行知识创造，并由此推动工程技术的实质性进步。"

我叫谭家华，是中国工程院院士、上海交通大学船舶海洋与建筑工程学院教授，长期从事海上大型工程船的研究和设计，曾以第一完成人获国家科学技术进步奖特等奖。成功研制了适应"沿海淤积泥沙""近海硬质沙土""远海坚硬岩礁"挖掘的三代 59 艘海上大型绞吸挖泥船。通过 20 多年的持续努力，中国大型绞吸挖泥船技术经历了"从 0 到 1 的突破""达到国际同等水平""达到国际领先水平"三个发展阶段，实现了从技术被封锁到对外出口管制的跨越。

科技人生轨迹：

▌ 1946 年 4 月　出生于湖北省宜昌市

▌ 1964—1969 年　就读于上海交通大学船舶制造系船舶结构力学专业，获学士学位

▌ 1969—1988 年　上海交通大学船舶制造系讲师

▌ 1988—1992 年　上海交通大学船舶与海洋工程系副教授

▌ 1992—2013 年　上海交通大学船舶与海洋工程系教授

▌ 1993—1994 年　日本横滨国立大学访问学者

▌ 2023 年　当选为中国工程院院士

中国海上大型工程船可望实现"四化"

谭家华

海洋科技

大型绞吸挖泥船

风电安装船

开拓者

海洋强国梦

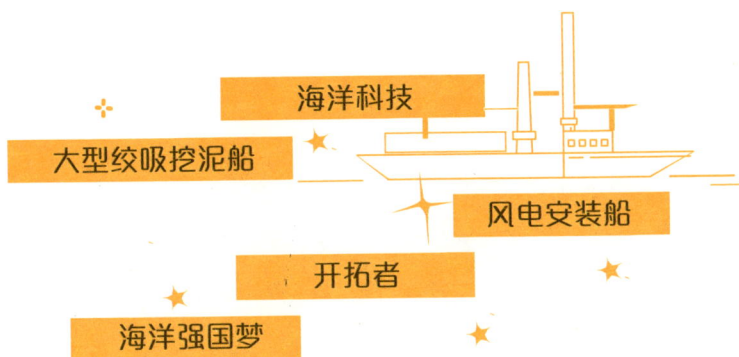

　　随着人类合理利用海洋资源能力的不断提升，发展海洋科技已成为海洋国家提高综合国力的重大战略之一。海洋环境的特殊性决定了人类探索认识海洋、开发利用海洋资源、保护海洋环境、维护国家海洋安全等一切海上活动必须依赖相应的海洋装备和技术，可以说，谁拥有了先进装备和技术，谁就在未来的海洋开发中占据优势，海上大型工程船是能完成水上水下各种施工任务的高投资、高技术的特种船舶，它是实现国家海洋强国战略目标的重大核心装备，其设计和制造技术是国家的核心关键技术。

　　中国的海上大型工程船研究与开发，由于涉及的领域众多，长期以来各自开发，力量分散，信息与设备共享率低。作为长期从事海上大型工程船的研究与设计工作的人，我深感中国海上大型工程船研究、开发和使用正处在历史性的转折和快速发展时期，必须走高水平、高质量的发展道路，提高原始创新能力，集中力量攻克"卡脖子"难题，进行海上大型工程船方面的"陆海统筹"，实现海上大型工程及上下游产业的共同发展，为海洋强国建设作出更大贡献。

奋力赶超
部分技术达到国际领先水平

由于欧洲国家完整的工业体系和对海上大型工程船强大的研究和开发能力，许多新型的海上大型工程船是最先在欧洲发展起来的。欧洲大型造船集团设计、建造和配套实力雄厚，经营方式灵活多样，相关的建造市场目前仍被欧洲船厂主导。我国在海上大型工程船方面起步较晚，在设备核心技术方面仍然落后于欧美发达国家，但改革开放以来，特别是近 20 年来，我国工业体系逐渐完善，造船工业迅速发展，在海上大型挖泥船、大型起重船和风电安装船等方面取得了巨大进步，部分技术达到了国际领先水平。

在海上大型挖泥船方面，我国在主要船种绞吸挖泥船和耙吸挖泥船领域实现了国内设计制造，摆脱了对国外的依赖局面。尤其是进入 21 世纪以来，由于沿海港口航道疏浚、近海重大基础设施和工业基地建设、远海岛礁建设等战略需求，一大批具有自主知识产权的高技术、高附加值挖泥船相继问世。特别是海上大型绞吸挖泥船的发展，突破海上定位、岩礁挖掘、远距离输送和复杂系统集成等核心技术，自行设计建造了一批海上大型绞吸挖泥船，作业海域由沿海、近海延伸到远海，挖掘土质从淤泥、硬质沙土拓展到坚硬岩礁，单船作业能力由每小时 2500 立方米提高到 6500 立方米，形成了系列化产品，带动了疏浚行业装备技术与产业的高速发展。20 年来，我国年疏浚能力从 3 亿立方米提高到 17 亿立方米，在世界疏浚市场占有约 40% 的份额。我国的大型挖泥船实现了从被封锁到出口管制的跨越发展，不仅满足了国内需求，而且在"一带一路"沿线的港口航道建设中发挥了重要作用。

在大型起重船方面，根据不同的作业需求，国外已开发出单船体、多船体和半潜式等多种海上大型起重船，用于导管架平台的安装拆除、桥梁隧道的吊放安装、海底管道铺设、海上打捞和救助等。目前，世界上半潜式起重船的最大起重能力为 2 万吨。与国外相比，国内大型起重船市场正处在快速发展阶段。随着国家能源战略的实施，深海油气田的勘探、开采进入具体实施阶段，大型起重船的需求相当大。国内研究机构、设计单位、船舶制造企业近 20 年通过自主研发和引进、消化吸收相结合的方式，在船舶的抗风浪能力提高、船舶定位和移位技术、船舶运动对起重机设计影响、起重机控制与操作技术等一些关键技术上已取得了突破性进展，逐步形成了一批具有自主知识产权的产品，使我国的海上大型起重船的起重能力从几百吨提高到万吨级。我国自主设计制造了世界上最大的单船体起重船，起重能力达到 1.2 万吨。目前总体情况是，我国大型起重船数量较多，品种单一，起重能力大的仍然较少。

风电安装船是一种全新的海洋工程船，主要用于海上风电设备的运输和吊装，它将构件运输、海上作业、起重以及生活供给等各项功能融为一体，可独立完成上述运输安装作业。自 1991 年丹麦建成世界上第一个近海风电场以来，世界各国相继开始建设海上风电工程。风电安装设备经历了三代发展：第一代由现有的起重船和运输驳船等联合作业；第二代是具有自升功能的驳船或平台，但不具有自航能力；第三代是具有自航、自升和起重功能的专用风电安装船。目前，国外专业海上风电安装公司的风电安装船均属于第三代，用于风力发电机安装、维护及其他海上作业。韩国三星重工 2016 年交付的 "Seajacks Scylla" 号是目前较为先进的风电安装专用船，配备 1500 吨起重机，航速超过每小时 13 海里，能在超过 65 米水深的风场安装风机组件。目前国外有第三代风电安装船 14 艘，起重能力均大于 800 吨。从 2011 年开始，国内相关设计、建造企业对第二、第三代风电安装船进行了自主研发，目前我国在设计和建造技术方面有了长足的进步，专用设备配套能力大大增强，已自主设计建造了一批风电安装船，起重能力最大达到了 2500 吨，但具有齿轮齿条升降、有自航能力的第三代船较少。

进入深蓝
亟待实现共性技术突破

海上大型工程船又称为海上施工装备，更确切地说是漂浮在海上的重大工程装备。由于船体和施工装备的结合、作业水域向深远海延伸，对海上大型工程船的生存能力和作业能力提出了更高要求。

对于施工装备，由于安装在船上，受到船的运动影响。船在波浪上的高频运动如横摇、纵摇和垂荡运动等会对施工设备产生很大的附加载荷，会产生受迫振动，使作业安全受到威胁，甚至不能作业。在陆地上能安全、高效作业的装备，应用于海上大型工程船上，在设计时必须考虑附加载荷的影响，成为必须特殊设计的非标设备。

船的横荡、纵荡和艏摇等低频运动和水深增大会对船的作业定位、就位产生重大影响。对于在深远海作业的大型工程船，设置可靠的就位、定位和移位系统成为必不可少的重大技术措施，特别是动力定位系统，它利用自身推进系统就能保持一定的船位、艏向或使船按预定的轨迹运动，其控位精度高、灵活性好，成本不随水深增加而增加，对推动海上大型工程船的进步产生了重大影响。动力定位系统通常由位置参考系统、控制系统、推进系统和动力系统四个子系统构成。动力定位系统的设计、制造技术已成为海上大型工程船设计制造中的核心技术。

对于海上大型工程船，作业能力的提高，特别是动力定位系统被广泛应用，使大型工程船的动力供应容量比相同尺度的运输船大了很多，甚至达到了 3 倍以上。近 20 年来，由于交流变频器的发展成熟，电力驱动在海上大型工程船上获得了普遍应用。因此在海上大型工程船上建大功率电站，并进行能量综合管理已成必然趋势。在海上大型工程船上，动力定位系统及各种作业的自动控制都涉及多个子系统和设备的配合、协调，涉及状态参数的共享和传输，同时包括对外界信息的采集和必要判断、运算，这一切只能用计算机自动化网络系统来完成。利用计算机网络系统，对大功率电站进行综合管理，实现海上大型工程船在多工况下的能量优化配置，已成为海上大型工程船设计的核心技术之一。

由于在海上大型工程船上放置了重大工程设备，施工设备与船体连接部可能是固定连接，还可能有运动副（两个构件直接接触并能产生相对运动的活动连接）。除了多变的作业载荷经作业设备传给连接部，风浪流载荷及船的定位载荷亦经船体传给连接部，导致连接部受力处于十分复杂的多变状态，有可能产生各种形式的损坏。另外，大型作业设备在施工时产生的交变载荷（机械零件在工作过程中受到的大小、方向随时间呈周期性变化的载荷作用）或反复冲击会通过连接部传给船体，从而产生局部或整个船体振动，影响作业效率，甚至会引起共振，产生结构破坏。连接部位的设计常是海上大型工程船结构设计的难点，而且没有现成的规范和标准，需要研究新的工程计算方法、建立新的设计标准、创造新的结构形式等。

在海上大型工程船上放置大型施工设备后，船的总体设计与运输船相比会发生重大变化。海上大型工程船的船型特殊、设备繁多、功率密度大、工况复杂，不能沿用运输船的总体设计方法。以运量和航速为基本要求的主要尺度论证转变为以作业能力为核心的主要要素确定；以货物装载和规范规定的各种布置地位要求进行总体布局设计转变为以作业流程为基础的布局设计；以航行要求为目的的动力配置转变为以平衡和高作业能力为准则的动力配置；以实船统计规律为出发点的设计流程转变为以非标作业设备为出发点的设计流程。这些转变使海上大型工程船设计难度和风险大大增加。

瞄准"四化"
未来发展成就值得期待

为积极响应国家海洋强国战略，加强我国深远海资源开发和重大工程的建设能力，中国海上大型工程船可望在实现"四化"即大型化、智能化、主体多功能化和施工装备模块化方面取得更大成就。

我国海上工程船的作业水域正快速从沿海、近海向深远海拓展，深远海的海洋环境严酷，"小船经不起风浪，巨舰才能顶住惊涛骇浪"，海上工程船大型化是必然趋势。船舶大型化提高了抗风浪能力，延长了作业的气象窗口期，同时也为作业设备提高作业能力提供了更有效的平台，特别是大型化的工程船为深海作业系统开发和使用提供了具有更好保障功能的母船。深水油气开发、深水金属矿开采、深水铺管、深水疏浚和深水重大基础设施的建设等重大需求，将推动深水作业系统快速发展，深水作业能力提高将和海上工程船的大型化同步推进。

在我国自主开发的一些海上大型工程船的船种中，作业的自动化水平已相当高，能在人工不干预或极少干预的情况下按照设计的程序和步骤完成作业过程，但要在自动化基础上实现智能化还有相当长的路要走，在信息充分化、知识数据化、自我学习功能等方面还有大量深入工作要做。利用物联网技术实现海上大型工程船作业智能化不仅会大大提高作业效率，也会使海上大型工程船有更多的使用功能和更强的环境适应性。

海上大型工程船一般都造价昂贵，单一功能的船常常作业任务较少，不仅闲置不可避免，甚至出现一项重大工程完工，相应的工程船就不再使用，将一艘船的建造成本全部计入一项工程的情况。实际情况是很多不同功能的海上大型工程船对船体尺度、布置地位和动力设备配置的要求都很相近，若能在工程船设计时统筹兼顾各种使用功能，预留位置和接口，就可使工程船主船体成为满足多种使用功能的平台，实现工程船的多功能化。在主船体成为多功能化平台的同时，也要求施工装备模块化，实现施工装备模块与船体连接的标准化，最终提高海上大型工程船使用率和经济性。

知识拓展：

　　绞吸式挖泥船是利用转动着的绞刀绞松河底或海底的土壤，与水泥混合成泥浆，经过吸泥管吸入泵体并经过排泥管送至排泥区。绞吸式挖泥船施工时，挖泥、输泥和卸泥都是一体化的，依靠自身完成，生产效率较高。

　　"天鲸号"是中国自主建造的首艘超大型自航绞吸式挖泥船。该船总长 127.5 米，型宽 23 米，总装机功率 20020 千瓦，绞刀功率 4200 千瓦，最大挖深 30 米，挖掘效率每小时 4500 立方米，最大排泥距离 6000 米。它配备先进疏浚设备及自动控制系统，能挖多种土质。

　　"天鲸号"是第三代的首制船，是南海岛礁建设的功勋船舶，以它为代表的第三代海上大型绞吸式挖泥船主要性能达到了国际领先水平。

陈和生

（张武昌绘）

"人生最大的幸
福，就是为了国家的
强大而奋斗。"

我叫陈和生，是粒子物理学家，中国科学院高能物理研究所研究员、中国科学院院士；先后毕业于北京大学、麻省理工学院，主持北京正负电子对撞机重大改造工程和国家"十二五"重大科技基础设施——中国散裂中子源的建设；获得国家科学技术进步奖二等奖、全国创新争先奖等奖项。

科技人生轨迹：

▌ 1946 年 8 月　　出生于湖北省武汉市

▌ 1970 年　毕业于北京大学技术物理系

▌ 1984 年　在美国麻省理工学院取得物理学博士学位

▌ 1984 年　在中国科学院高能物理研究所做博士后

▌ 1992 年　晋升为中国科学院高能物理研究所研究员

▌ 1998 年　担任中国科学院高能物理研究所所长

▌ 2005 年　当选为中国科学院院士

建设散裂中子源　探索微观大世界

陈和生

　　你知道怎样准确诊断和预防航空发动机的"心脏病"吗？那就要克服其性能的最大瓶颈之一——叶片金属疲劳。金属也会疲劳，每分钟几万转，转得久了，就存在裂碎风险。散裂中子源可以用于航空发动机叶片应力测试，以探测和预防金属疲劳。

　　你知道分布于深海或陆域永久冻土中的可燃冰吗？若要安全开采、储藏、运输和利用可燃冰，就需要了解其结构和性质。可燃冰是甲烷与水在高压低温条件下形成的结晶物质，科学家必须将其放在很厚的金属容器内，模拟千米水深下的巨大压力。中子对组成可燃冰的碳氢化合物最敏感，通过散裂中子源就可以隔着厚厚的金属容器进行可燃冰研究。

研究电动汽车的电池性能，研究催化剂的作用机理，研究芯片的单粒子效应，研究高温超导材料的自旋涨落，在这些领域，散裂中子源都能发挥关键作用。

在广东省东莞市松山湖科学城，紧邻高速公路，有一片依山而建、造型独特的建筑群，山坡上矗立着"中国散裂中子源"几个大字。中国散裂中子源（CSNS）是中国首台、世界第四台脉冲型散裂中子源，为国际前沿基础科学研究和国家发展战略诸多领域提供先进的中子散射研究和应用。它的成功建设，填补了国内脉冲中子源及应用领域的空白，技术和综合性能进入国际同类装置先进行列，显著提升了中国在相关领域的技术水平和自主创新能力。

铸造理想"探针"

物理学在过去一个世纪经历了三次大的跨越，从原子物理深入原子核物理，再深入粒子物理。100多年前，科学家发现原子由原子核和电子组成，后来又发现原子核由质子和中子组成，从20世纪60年代开始，科学家逐步发现组成原子核的质子和中子是由更深层次的粒子——夸克组成的。

应该说，这三次大的跨越产生丰硕成果，在不断深入物质微观结构新层次的研究过程中，物质结构理论取得重大突破，并且带动重大技术发明，转化成巨大生产力。我们现在用的半导体、电视、手机、计算机、激光以及全球定位系统，都是以20世纪物理学的研究成果为基础发展起来的。

如何去研究微观结构呢？我们在中学生物课上用显微镜来看花粉、看细胞。如果想看再精细一些的结构，可以用电子显微镜。

想看更精细的，就要用到我们称为超级显微镜的散裂中子源、同步辐射光源等。散裂中子源作为一台超级显微镜，是以中子为"探针"，看穿材料的微观结构。

中子具备一些特性，如不带电，但是有磁矩；能够探测原子核的位置，探测同步辐射所不敏感的轻元素，比如碳、氢、氧、氮等元素的位置；穿透能力非常强，能够用来原位研究大的工程部件的残余应力和金属疲劳；可以探测物质结构的微观动态过程等。因此，它被科学家视作探索微观世界的理想"探针"。当中子与被研究对象的原子核相互作用而改变运动方向时，科学家通过分析散射中子的轨迹、能量和动量变化，就能反推出物质的结构。这就好像我们不断往一张看不见的网上扔弹珠，有的弹珠穿网而过，有的则打在网上，弹向不同角度。如果记录下这些弹珠的运动轨迹，就能大致推测出网的形状。如果弹珠扔得够多、够密、够强，就能把这张网的组成精确地描绘出来。

建造中子"工厂"

中子其实在我们周围到处都存在，但这些中子都被束缚于原子核中，无法自由运动。我们要用中子做探针，就需要自由的中子。自由的中子从何而来？这就需要专门产生大量自由中子的装置，可以通俗地称为产生中子的"工厂"。这样的"工厂"主要有两类：一类是反应堆中子源，另一类是散裂中子源，它通过高能质子束去轰击重金属靶，发生散裂反应，从而产生高通量短脉冲中子束流。国际上的先进中子源正在逐步从反应堆转向散裂中子源，因为其性能更好，而且安全性更高。

物理学有一条基本规律，研究越小的尺度，需要越高的能量。

随着物质结构的研究深入到原子核和粒子的层次，研究物质微观结构的尺度越来越小，就需要使用能量越来越高的粒子。加速器可以产生高能量粒子，加速器做得越大，能量有可能越高，于是催生了各种基于大型加速器的重大科技基础设施，也称大科学装置。

这些大科学装置具有鲜明的科学和工程双重属性，知识创新和科学成果产出丰硕，技术溢出、人才集聚效益非常显著，因此往往成为国家创新高地的关键要素，是国之重器、科技利器。

2011 年 9 月，中国散裂中子源装置在广东东莞开工建设。一期建设内容包括一台 8000 万电子伏特的直线加速器、一台 16 亿电子伏特快循环同步加速器、一个靶站，以及 3 台供科学实验用的中子散射谱仪。其工作原理是将质子加速到 16 亿电子伏特，速度相当于 0.92 倍光速，把质子束当成"子弹"，去轰击重金属靶。金属靶的原子核被撞击出质子和中子，科学家便通过特殊的装置"收集"中子，开展各种实验。

散裂中子源装置不仅极为庞大，而且部件繁多，工艺极其复杂，制造和安装过程克服了重重困难。装置各项设备的批量生产由全国近百家合作单位完成，国产化率达 90% 以上，许多设备达到国际先进水平。2017 年 8 月，中国散裂中子源首次打靶就成功获得完全符合预期的中子束流。2018 年，中国散裂中子源按指标、按工期高质量完成了工程建设任务，从此实现了强流质子加速器和中子散射领域的重大跨越，为物质科学、生命科学、资源环境、新能源等方面的基础研究和高新技术研发提供强有力支撑。

搭建交叉平台

自中国散裂中子源通过国家验收进入正式运行阶段以来，已完成 10 多轮开放，每年运行时间超过 5000 小时，开放时长和效率都处于国际同类装置的领先水平。目前已完成超过 1300 个科研课题，取得了一批重要科学成果，如锂离子电池、太阳能电池结构、稀土磁性、新型高温超导、量子材料、功能薄膜、高强合金、芯片单粒子效应等，为国家诸多领域的战略需求和高科技产业提供关键的研究平台。在粤港澳大湾区，散裂中子源另外建设了 8 台合作谱仪，已经陆续投入运行。

近年来，中国散裂中子源对国产高铁车轮进行内部深度残余应力测量，给出了高铁车轮完整的应力数据，对高铁安全性和提速具有重要意义；利用中子的穿透能力和对复杂组分的定量识别能力，解释了创造世界纪录的高屈服强度且韧性好的超级钢的新机制；通过实时原位测量，研究汽车锂电池的结构特征和锂离子在充放电循环过程中的输运行为，对锂电池性能提高提供重要数据支撑；运行大气中子谱仪，加速模拟宇宙射线打到大气层产生的中子辐照环境，为解决电子元器件在大气层内与地面的失效问题提供重要手段，为飞机适航论证和航空器安全提供研究平台。

散裂中子源积极推动相关技术成果转化。硼中子靶向肿瘤治疗，是一种新的二元细胞级精准治疗癌症技术，利用中国散裂中子源发展起来的技术所研制的。硼中子俘获治疗项目作为推进散裂中子源技术产业化的第一个项目，临床设备在东莞市人民医院已完成安装和调试，即将开始临床试验。

中国散裂中子源二期工程于 2024 年 1 月正式启动。二期工程建成后，中国散裂中子源的谱仪数量将增加到 20 台，加速器打靶束流功率将从一期的 100 千瓦提高到 500 千瓦。新的谱仪和实验终端建成后，中国散裂中子源的设备研究能力将大幅提升，实验精度和速度将显著提高，能够测量更小的样品、研究更快的动态过程，为前沿科学研究、国家重大需求和国民经济发展提供更先进的研究平台。

中国散裂中子源的建成恰逢大科学装置发展的好时代，肩负发展中国中子散射研究和应用的重任，为国家创新发展提供重要引擎，为实现高水平科技自立自强作出贡献。

知识拓展：

　　正负电子对撞机是一种大型粒子加速器，其工作过程是通过将正负电子在环形轨道中加速到接近光速并使其对撞，产生高能量的物理过程。它是探索微观世界基本粒子和物理规律的重要科研设备，能帮助科学家深入研究粒子的性质、相互作用及宇宙的基本构成，在粒子物理学领域有着关键作用。

　　对撞机的建成提升了我国在粒子物理学领域的研究水平，使我国在国际高能物理研究中占据重要地位，极大促进了我国高能物理的国际合作。同时，还能带动相关高端技术产业的进步，如加速技术、探测器技术等，促进科技成果转化，培养大量高素质科研和技术人才，提升我国的科技创新能力和国际竞争力。

秦大河

（张武昌绘）

"我的生命好像与地理、与冰川早早结缘。由于我出生在黄河之滨，名字就被起作'大河'。在12岁读小学六年级时，我在作文中写下'我要让我的脚印印遍地球上的任何角落'。我70多岁了，仍然在为12岁时的梦想而努力。"

我叫秦大河，是冰川学家和气候学家，中国科学院院士、第三世界科学院院士，中国科学院寒区旱区环境与工程研究所研究员，冰冻圈科学国家重点实验室名誉主任，是"中国徒步横穿南极大陆第一人"；曾参与联合国政府间气候变化专门委员会评估报告的编写工作，获得环境领域全球最高奖项"沃尔沃环境奖"。

科技人生轨迹：

▍ 1947年1月　出生于甘肃省兰州市

▍ 1965年8月　考入兰州大学地质地理系

▍ 1978—1980年　在兰州大学地理系攻读硕士学位

▍ 1989—1990年　参加国际徒步横穿南极大陆科学考察

▍ 1991—1992年　在兰州大学地理科学系攻读博士学位

▍ 2003年　当选为中国科学院院士

▍ 2004年　当选为第三世界科学院院士

▍ 2008年　获第五十三届国际气象组织（IMO）奖

▍ 2013年　获环境与可持续发展领域沃尔沃环境奖

▍ 2023年　被中国环境科学学会授予"中国环境科学学会首届荣誉会士"称号

冰天雪地也是金山银山

秦大河

极端天气
全球变暖
冰冻圈退缩
冰芯
洪水

气候变化导致的极端天气事件是"地球村"面临的主要威胁之一，在滚滚的热浪、肆虐的洪水、汹涌的赤潮等面前，人类是名副其实的命运共同体，保护地球家园是我们共同的责任。

全球变暖加快加剧
北半球中高纬度更显著

近年来，全球范围内，极端天气频率显著增高，高温、风暴潮、干旱、洪水等灾害持续加剧。随着这种趋势继续发展，上述灾害将更加频繁、更加强烈，跨行业、跨区域的复合型气候变化风险将增多，且更加难以管理，从而加大对经济社会的压力。

根据气象记录，20世纪初以来，全球地表平均温度不断上升。从20世纪50年代开始，温度上升的速度明显加快，冰冻圈逐渐退缩，海平面逐步上升，自然灾害发生频率越来越高，强度越来越大。从80年代开始，变暖进一步加剧，其中北半球中高纬度地区尤为显著。

2014年，联合国政府间气候变化专门委员会（IPCC）发布的第五次评估报告指出，从1901年到2012年，全球地表平均温度升高了约0.89摄氏度。2021年，该委员会发布的第六次报告指出，2011年到2020年，全球地表温度相比工业化前，上升了1.09摄氏度，从未来20年的平均温度变化预估来看，全球温升预计将达到或超过1.5摄氏度。在未来几十年，所有地区的气候变化都将加剧。只有立即、迅速、大规模减少温室气体排放，才有可能实现把升温幅度限制在接近1.5摄氏度或2摄氏度的目标。

升温加剧水循环
灾害更剧烈频繁

地表平均温度每升高1摄氏度，空气中的水汽含量约增加7%。从概率上讲，降雨量会增加，降水区域也会变化，此外，还会导致台风强度加大。值得注意的是，气候变化不仅仅是温度上升的问题，它正在给全球不同地区带来多种不同的组合性变化，而这些变化都将随着进一步升温而持续增加，包括干湿度的变化，风、冰、雪的变化，沿海地区的变化和海洋的变化等。

全球升温1.5摄氏度时，热浪将增加，暖季将延长，而冷季将缩短；全球升温2摄氏度时，极端高温将更频繁地冲击农业生产和人体健康的临界耐受阈值。气候变化正在加剧水循环，这在总体上会带来更强的降雨和洪水，但对一些地区而言，则可能意味着更严重的干旱。可以预见，整个21世纪，沿海地区的海平面将持续上升，这将导致低洼地区发生更频繁、更严重的沿海洪水，并将导致海岸受到进一步侵蚀。以前百年一遇的极端海平面事件，到21世纪末可能每年都会发生。

另外一个值得关注的现象是，在一些地方，热浪和干旱事件的发生时间很接近，甚至同时发生。一个地区在两次极端天气事件之间几乎没有恢复的时间，这构成了一种特殊的风险。

多种因素促升温
二氧化碳是主因

人类的行动有可能决定未来的气候走向。有证据显示，虽然其他温室气体和空气污染物也能影响气候，但二氧化碳是气候变化的主要驱动因素。

世界气象组织发布的2021年全球气候状况公报指出，2020年全球大气中温室气体平均浓度再创新高，其中二氧化碳的平均浓度比工业化前水平高出49%。IPCC的第六次评估报告中的第一工作组报告《气候变化2021：自然科学基础》评估指出，人类活动导致的大气中温室气体浓度持续增加造成温室气体的辐射效应进一步增强，当前人为辐射强迫（由于气候系统内部变化等外部强迫引起的对流层顶垂直方向上的净辐射变化）为每平方米2.72瓦，比IPCC的第五次评估报告第一工作组报告所评估的每平方米2.29瓦高约20%，所增加的辐射强迫中约80%是由于大气中温室气体浓度增加造成的。

稳定气候需要大力、快速和持续地减少温室气体排放。这样做难度很大,需要世界各国各地区共同努力,才有可能实现预期目标。

气候变化冰先知
冰冻圈显著缩小

"气候变化冰先知。"1979年以来,北极海冰范围显著缩小。20世纪70年代,北冰洋每年9月海冰的范围是1000万到1200万平方公里。根据国际雪冰资料中心的最新数据,北冰洋9月海冰范围已经缩减到400万平方公里左右。海冰范围减小,会大大影响欧洲、美洲和亚洲的天气和气候。无论是冬季寒潮,还是夏季强降水等灾害,可能都与此有关。

同样,北冰洋海冰的冰量(体积)也在不断减小。北冰洋海冰冰量每年9月最小,3月最大。2017年9月,冰量减少到约4000立方千米,而1979年9月为1.6万立方千米,38年间海冰冰量减少了75%。从这一系列数据不难看出当前气候变化的严峻态势。

目前,在全球变暖、冰冻圈退缩的背景下,冰冻圈科学受到前所未有的重视,已成为国际气候系统及全球变化研究中最活跃的领域之一,也是当前全球变化和可持续发展研究领域关注的热点。

冰冻圈是指地表水体以固态形式存在的那一部分,是一个连续分布的低温圈层。冰冻圈科学研究冰冻圈各组成要素的特性、形成机理、发育过程等以及与其他圈层的相互作用和对人类社会的影响。冰冻圈作为气候系统的一个特殊圈层,以其对全球环境变化高度敏感性、对气候变暖的显著指示性以及对大气圈、水圈、生物圈、岩石圈和人类圈的强烈影响,显示出独特而又重要的作用。在受气候变化影响的诸环境系统中,冰冻圈变化最为突出,是全球变化最快速、最显著、最具指示性，也是对气候系统影响最直接和最敏感的圈层，被认为是气候系统多圈层相互作用的核心纽带和关键性因素之一。

率先建立冰冻圈学科体系
冰芯钻探成果引人注目

21世纪初，世界气候研究计划推出"气候与冰冻圈"核心计划，旨在定量评估气候变化对冰冻圈各要素的影响以及冰冻圈在气候系统中的作用。中国是这一科学计划的发起国之一。把冰冻圈视为一个整体，通过多学科交叉、新技术应用、重大计划推动，开展全球尺度的系统性、集成性研究已成为国际趋势。中国科学家紧抓这一趋势，在冰冻圈科学体系化建设方面走在了国际前列，率先建立了冰冻圈科学学科体系，在冰冻圈科学的理论、方法和体系化方面发挥引领作用。

储存于冰冻圈内的气候环境信息十分丰富。积雪、河湖海冰、冰川和极地冰盖的范围与冰量变化、冰层内物理化学生物等浓度、冰缘地貌、泥炭沉积、地下冰、钻孔温度等，均能反映不同时间尺度上的地球环境气候变化。尤其是冰芯，能为全球变化研究提供丰富的、高分辨率的气候环境记录，因而成为各国科学家"争抢"的研究对象。

1995年，"欧洲南极冰芯钻探项目"科考小组开始在南极冰盖冰穹C钻取冰芯，所获冰芯可以重现80万年来南极洲温度变化和大气组成成分变化，为气候变化科学作出贡献。

我国科学家在冰芯钻探方面取得了引人注目的进展——2006年3月25日，中国第21次南极考察队凯旋。此次考察的最大收获之一是在南极冰盖最高点冰穹 A 上，成功钻取了长达 135 米的冰芯，通过对其研究，至少可以获知最近 2000 年的气候环境变化的信息。

抢占冰冻圈科学理论制高点
以冰冻圈科学成果造福世界

需要强调的是，冰冻圈科学不仅研究自然属性，也非常关注与人类社会经济的关系，是自然科学与社会科学的交叉。

中国冰冻圈分布广泛，不仅有重要的气候效应，还是干旱区和绿洲经济发展以及保障干旱区生态系统稳定的重要水源，关系到西部大开发战略的实施和国家重大工程建设的安全。中国冰冻圈还是亚洲大江大河的源头区域，直接滋润着流域内数十亿人口。

不久前，我与科研团队完成了《中国冰冻圈服务功能形成过程及其综合区划研究》，这是国家自然基金重大项目。我们重点研究了中国冰冻圈过程与水资源、生态、人文服务功能及其冻土积雪工程服役性之间的机理及其未来演变趋势，建立冰冻圈服务功能研究的理论方法体系及其综合服务功能评估体系，希望抢占冰冻圈科学理论的国际制高点，制定中国冰冻圈综合服务功能区划方案，不仅为地方和国家发展战略决策服务，也为应对气候变化和人类可持续发展事业作出应有的贡献。

知识拓展：

冰冻圈科学是气候系统科学的前沿领域。在冰冻圈科学研究中，使用了多种先进技术。卫星遥感技术可从太空对大面积冰冻圈进行长期、动态监测，获取冰川、海冰等的分布和变化信息；雷达探测技术能穿透冰层，了解冰下地形和冰层结构；数值模拟技术通过建立模型，对冰冻圈的演变过程进行模拟和预测；无人机技术，可灵活获取高分辨率的局部冰冻圈数据；现场观测技术如冰芯钻探、气象站监测等，能直接获取冰冻圈的物理、化学等参数，为研究提供准确的基础数据。

冰冻圈科学研究对于认识地球气候系统、保护生态环境、应对气候变化挑战、保障水资源安全以及探索地球历史和生命演化等方面具有重要意义。

高红卫

（张武昌绘）

"如果再追问一句，从专业角度看，当前及未来几十年建设科技强国的基本前提条件是什么？我的回答是，建设数学强国，尤其是在人工智能科技与产业全面深化发展的新时代。"

我叫高红卫，是国际宇航科学院院士、中国航天科工集团研究员，毕业于清华大学导航仪器与自动控制专业，曾任中国航天科工集团公司董事长、党组书记。

科技人生轨迹：

▎ 1956 年 9 月　出生于湖北省京山市

▎ 1980 年　从清华大学导航仪器与自动控制专业毕业

▎ 1980—1995 年　从七机部 066 基地红峰厂设计科设计员成长为航空航天部 066 基地红峰厂总工程师

▎ 1995—2001 年　任中国航天工业总公司 066 基地（中国三江航天工业集团公司、中国三江航天集团）副主任（副总经理）、党委常委，中国航天机电集团 066 基地（中国三江航天工业集团公司、中国三江航天集团）主任（总经理）

▎ 2001 年　任中国航天科工集团公司副总经理

▎ 2001—2004 年　曾兼任集团公司第三研究院院长，航天科工海鹰集团有限公司董事长，航天科工惯性技术有限公司董事长

▎ 2013—2020 年　任中国航天科工集团公司董事长

人工智能本质是让数据驱动机器服务人类

高红卫

　　当前，人工智能非常火爆，有关人工智能科技与产业发展的观点层出不穷，相关文献和著作可谓汗牛充栋。政界、产业界、学界和大众对该领域的认知和理解千差万别。同时，过度的追逐导致该领域非理性扩张，局部泡沫此起彼伏。这些都对中国人工智能科技创新与产业发展产生了不利影响。

　　人工智能的本质究竟是什么？如何扎实推进人工智能科技创新和产业发展，建设人工智能科技强国和产业强国？这些无疑是人工智能领域人们关切的核心问题。

人工智能并非新生事物
本质是让数据驱动机器服务人类

人工智能的本质是什么，对此，大家见仁见智，莫衷一是。在我看来，一个简单而通俗的答案是人工智能的本质是让数据"说话"、让数据驱动机器为人类服务。

人工智能虽是当下社会热点，但是对于学界而言，它并不是什么新生事物。早在20世纪中期，人工智能（当时被称为"机器智能""第五代计算机"等）领域就掀起过一波研究热潮，主要研究领域包括自然语言理解、模式识别、思维科学、逻辑推理、机器证明（定理）、通用规则演化推广应用等，主要应用成果是各种各样的"××专家系统"以及"计算机辅助××系统"等，研究的主力军是大型科研机构和院校。这一时期的人工智能科技可以被称为"第一代人工智能科技"。

由于知识储备和技术条件都不足以支撑科技研究成果向产业化转移，"第一代人工智能科技"研究热到20世纪末期，逐渐冷却下来。

经历了几十年蓄积
第二代人工智能方兴未艾

人类对于解放大脑和双手的欲望从未减弱，在经历了几十年的"潜水作业"和"能量蓄积"历程之后，"第一代人工智能科技"研究成果不断沉淀、升华、拓展。随着最近10年来计算机技术（算力）、网络技术（数据采集）以及建模技术（算法）能力的大幅提升，以及应用场景快速浮出水面，如今，人工智能科技研究再掀热潮，人工智能产业化新锐力量不断涌现。

当下，人工智能主要研究领域包括机器学习、机器博弈、人机交互、虚拟现实、知识图谱、场景应用规则归纳等。主要应用成果是各种各样的"××智能装备""××智能系统"，甚至"××智能体系"等。推动研究和应用的主力不仅包括科研机构、高等院校、科技企业，而且有世界各主要国家的政府。

当前的人工智能科技可以称为"第二代人工智能科技"。相信将来（或许同样是半个世纪之后，即21世纪下半叶）在全球范围内会出现人工智能科技研究与产业化发展的第三次浪潮。

人工智能科技将成为主流
数学强国是科技强国的前提

从历史上看，一个国家要想成为"世界强国"，首先必须是科技强国和产业强国，必须具备在半个世纪以上（甚至几个世纪）的历史时期内引领全球主流科技与主导产业发展的实力。那么当前以及未来一个历史时期的主流科技和主导产业是什么呢？

这似乎又是一个仁者见仁、智者见智的问题。对此，我的答案是，人工智能科技及其创生或改造的产业。因为人工智能科技和相关产业不仅能进一步解放人的大脑和双手、促进生产力提升、促进人的全面发展，而且还能显著提升公共事务管理与公共安全保障等超级复杂社会工程的有效性。

如果再追问一句，从专业角度看，当前及未来几十年建设科技强国的基本前提条件是什么？我的回答是，建设数学强国，尤其是在人工智能科技与产业全面深化发展的新时代。

借鉴历史经验
以"模态数学"引领人工智能发展

近代以来，18 世纪的英国、19 世纪的德国与欧洲、20 世纪的美国，之所以能够持续引领世界主流科技和主导产业发展，无一不得益于具有划时代的数学理论创新持续引领能力。

自然语言是人类的第一语言，数学是人类的第二语言。如果说近现代以来不擅长使用第一语言难以与人打交道，不擅长使用第二语言难以与物打交道的话，那么在今后一个时期，擅长使用第一语言依然重要，而不擅长使用第二语言者将不仅在与物打交道的过程中会丧失主动权，而且在与人打交道时，也会感到越来越被动。

以代数学和几何学为代表的早期数学属于"静态数学"，主要用于描述事物的存在状态，即使是描述事物的运动状态，也是类似于播放 PPT 一样，是"不连续"的。以微积分为代表的中期数学属于"动态数学"，其优势在于比较精准地描述事物的运动过程，使人类观察事物的运动状态像观看流媒体一样具有"连续"性。虽然当前正在孕育和成长的新数学分支很多，但仍然可以用 19 世纪末 20 世纪初世界最有影响力的数学学派——哥廷根学派创始人、伟大的数学家费利克斯·克莱因所划分的 A（以分析代数为基础）、B（以解析几何为基础）、C（以算法为基础）三种进程来概括。不同的是，当前 C 进程正在从数学体系中的一种"半独立的力量"（克莱因语）成长为一种"独立的力量"。人工智能科技与产业对于算法理论的依赖程度丝毫不亚于（有时甚至还超过）对于数学进程 A、数学进程 B 所能提供的数学理论支撑。同时，三种进程所产生的数学理论寻求"二次抽象"（抽象的再抽象）理论的现实可解释性（比如在量子理论领域等）成为数学发展方式的一种共同选择，这也表明数学研究界"食人间烟火"的历史传统有所回归，或许这正是中国古代哲学先贤们所推崇的"格物致知"的新时代实践。

实际上，作为一种独立的力量，算法已经难以完整概括进程C的当代发展成果。我认为，以算法为基础和核心内容的数学已经扩展为一种多维度离散动态数学，简称为"模态数学"。预计"模态数学"的体系化创立与完善将成为同"静态数学""动态数学"创立与完善齐名的历史性文明成就。

当然，如果愿意，也可以称"模态数学"为"复杂性数学"。推动其发展的主要动力来自当前解决人工智能科技与产业发展所遭遇的、前所未有的复杂性问题。如果说"静态数学"与"文艺复兴"相得益彰，"动态数学"与科学革命互为因果的话，那么"模态数学"必将与认知革命相生相伴、互动成功。

应该说，全球的"模态数学"还仅仅处于孕育阶段，世界各主要国家都在奋力划水、力争上游。中国不缺聪明的数学头脑，如果社会各层面、各方面能够很快达成共识并积极行动起来，中国有很大机会在该领域取得优势地位。

抓住五要素
推进人工智能领域跃升

促进人工智能科技创新，推进人工智能产业又好又快发展是我们当前面临的紧迫任务。我认为，必须紧紧抓住人工智能领域发展的五要素，即模型、算法、芯片、引擎、应用场景，持续发力，久久为功。

模型是学习与认知的结晶，人类的学习与认知从模仿开始，模拟与仿真的基础是模型，因此创建、训练并优化模型是发展人工智能科技长远的战略任务。当前的工作重点是通用深度学习模型的创建与运用，中长期的工作重点是通用认知模型的创建与运用。

算法源于数学但已不限于数学。整体而言，算法可分为通用算法和专用算法两大类。以布尔逻辑为前提的数字计算大量运用通用算法，而当前的所谓"量子优势"依赖于以量子特性为前提的专用算法。通用算法与专用算法的研究应同时推进，前者应作为开源、共用资源面向全社会乃至全世界开放，后者应作为未来的核心竞争力持续提升。

以往的芯片大体上分为两大类，即功能（专用）芯片与算力（通用）芯片。人工智能科技与产业需要的是具有强大算力的功能芯片，这种芯片将突破原有的芯片产业二元格局，成为芯片领域的第三大类别。因此在继续努力提升通用芯片技术的基础上，需要注重发展人工智能科技所需的特色芯片技术（比如架构与算法硬件化等）。

引擎实际上就是人工智能操作系统。当前的操作系统大体上分为两大类，即非实时的事务处理操作系统和实时的控制与检测操作系统。人工智能操作系统则既需要提供超级强大的事务处理能力，又需要提供实时的检测与控制支持能力。因为高维度、高动态、强耦合的系统必然形成极其复杂的关联关系，其处理过程的复杂性远超对简单系统因果关系的处理。同时，时间敏感是人工智能应用系统的本质要求，当前的5G技术和未来6G技术发展的生命力，也主要在于此。我认为，5G技术和未来6G技术发展成熟的主要前提，是人工智能科技与产业的发展与成熟。

应用场景是人工智能科技与产业发展的出发点和落脚点，是连接科技创新与产业发展的纽带，是人工智能科技与产业的发展能否可持续、高质量的关键。是否能有效地满足各类场景丰富多彩的应用需求，是检验人工智能科技与产业发展成果的唯一标准。

当前，比较明确且通用的需求是，如何组织构建各类应用场景的通用知识图谱和技术标准，为各类行为主体开发和运用人工智能科技成果奠定规范统一的"话语体系"。从中长期看，构建人机交互以及脑机接口的通用知识图谱和技术标准，将是一项战略性的任务。实际场景的项目类应用开发，是实现人工智能科技研发投资"变现"的关键环节，因此是一项不容忽视的长期性、基础性任务。

从立法层面讲，当前应主要立足于规范各类与人工智能科技应用场景相关的主体行为，且除强化伦理约束外，暂不具备对人工智能科技与产业开展全面立法的实践基础。

知识拓展：

1956年夏季，以麦卡赛、明斯基、罗切斯特和申农等为首的一批有远见卓识的年轻科学家在一起聚会，共同研究和探讨用机器模拟智能的一系列有关问题，并首次提出了"人工智能"这一术语，它标志着"人工智能"这门新兴学科的正式诞生。

如今，人工智能在众多领域有着广泛的应用和创新。在医疗领域，可应用于疾病诊断、医学影像分析和药物研发等，提高诊断准确性和治疗效率；在交通领域，能实现智能交通管理、自动驾驶等，提升出行便捷性；在金融领域，可进行风险评估、欺诈检测和智能投资顾问服务，增强金融系统稳定性和提高服务质量；在工业领域，可应用于生产质量检测、智能调度和设备故障预测性维护，提高生产效率和产品质量；等等。

陈十一

（张武昌绘）

"我希望那些有好奇心的同学，每遇到一件事情、一个新事物，你不仅仅要知道How，还要知道Why，具备批判性思维。"

我叫陈十一，是中国科学院院士、发展中国家科学院院士，国际格子玻尔兹曼方法数值方法的创始人之一，北京大学湍流与复杂系统国家重点实验室主任；曾任南方科技大学校长。

科技人生轨迹：

▌ 1956 年 10 月　出生于浙江省台州市

▌ 1978—1982 年　在浙江大学力学系学习，获学士学位

▌ 1982—1987 年　在北京大学力学系学习，先后获硕士、博士学位

▌ 1987—1990 年　在美国洛斯·阿拉莫斯国家实验室做博士后研究

▌ 1994—1999 年　担任国际商业机器公司 T. J. Watson 研究中心研究员

▌ 2005—2013 年　担任北京大学工学院创院院长

▌ 2013 年　当选为中国科学院院士

▌ 2013—2015 年　担任北京大学副校长、研究生院院长（兼）

▌ 2015—2020 年　担任南方科技大学校长

▌ 2018 年　当选为发展中国家科学院院士

以 AI 赋能中国工业软件创新

陈十一

数字经济发展水平彰显综合国力

数字经济是数字时代国家的综合实力的重要体现，是构建现代化经济体系重要引擎，是我国经济发展的"稳定器"和"加速器"，大力发展数字经济是把握新一轮科技革命和产业变革新机遇的战略选择。党的二十大报告指出，加快发展数字经济，促进数字经济和实体经济深度融合，打造具有国际竞争力的数字产业集群。

近年来，中国数字经济发展迅速。根据 2022 年发布的《中国数字经济发展白皮书》，2012 年以来，我国数字经济年均增速高达 15.9%，显著高于同期 GDP 平均增速。2021 年，中国数字经济规模达到 45.5 万亿元，同比名义增长 16.2%。中国的数字经济综合实力在国际上处于优势地位。截至 2021 年底，我国建成 5G 基站 142.5 万个，占全球的六成以上。从 2017 年到 2021 年，中国数据产量从 2.3ZB 增加到 6.6ZB，位居世界第二。规模以上软件营收增长至 9.5 万亿元，工业互联网应用已经覆盖 45 个国民经济大类。电子政务在线服务指数跃升至全球第九位。

工业软件对数字经济发展起支撑作用

作为数字经济的基础，数字技术的核心领域包括六大类别：人工智能、大数据、云计算、软件技术、互联网和区块链。工业软件是软件技术发展的产物，是将工业知识软件化，即工业技术、工艺经验、制造知识和方法的显性化、数字化和系统化，是一种典型的人类使用知识和机器使用知识的技术泛在化过程，是工业生产提质增效的重要工具。工业软件是数字经济高速发展的关键核心技术之一。

数字经济是以数字化的知识和信息作为关键生产要素，可分为数字价值化、数字产业化、产业数字化和数字化治理四大板块。工业软件作为数据价值化的应用实践之一，始于数字价值化，成长于数字产业化，盛开于产业数字化和数字化治理。产业数字化是数字经济中最重要、规模最大的板块，工业软件则是产业数字化的核心要素之一，服务于企业的"规划、研发、生产、销售、服务"全流程，实现了工业知识软件化，把企业在产品全流程中的经验沉淀、融合在软件系统中，用以提升企业全流程的工作效率，助力企业研发创新高速发展。工业仿真软件是制造业的大脑神经，不仅在产业数字化转型中具有重要的作用，在数字化治理中更是应用广泛，包括高端装备制造的研发创新、城市环境治理等。

工业软件可以精细模拟流动过程与物理现象，揭示动力学演化规律及其内在物理机制，替代物理实验与工程试验，显著缩短研发周期、降低研发成本。通过数值优化与设计，显著提升产品性能、技术水平和市场竞争力。因此，工业软件的经济价值之高是不言而喻的，这一点可以从飞机设计中充分体现出来。我们知道，无论飞机整体外形还是零部件的设计，都必须充分考虑和精细计算升力、阻力、稳定性等各种参数，需要进行一系列试验，在航空制造业发展早期，美国波音公司通过传统方式开展机翼设计，要做多达77 个试验。随着现代信息技术的发展，特别是工业仿真软件的应用，相关试验很快被减少至 30 多个。现在，机翼设计绝大多数过程在工业软件上进行，相关试验被大幅减少到 5 次。作为后发研制的中国大型客机，C919 包括机翼在内的设计正赶上工业仿真软件以空前的广度和深度应用的时期，其绝大部分设计就是通过工业仿真软件来完成的，大大提高了效率、性能，降低了成本。只要是具有创新能力的企业，就必然使用工业软件，换句话说，是否使用工业软件和使用工业软件性能的高低是判断某个企业创新能力大小的重要标准。

研发设计类工业软件更要奋起直追

从制造业生产周期维度，工业软件可以分为四大类：研发设计类、生产制造类、信息管理类和运维服务类。其中，研发设计类工业软件的主要作用是提升企业在产品研发工作领域的能力和效率，包括计算机辅助工程、计算机辅助设计、计算机辅助制造、电子设计自动化等；生产制造类工业软件的主要作用是在工业产品生产和制造过程中进行数据采集、分析和决策，负责生产管理、物料管理、质量管理、设备管理等，包括工业控制系统、数据采集与监控系统、先进控制系统等；信息管理类工业软件的主要作用是管理和协作，包括办公协同、供应链管理、商业智能等；运维服务类工业软件主要服务于生产设备的维修和保养，包括故障预测与健康管理、维护维修运行管理等。

经过多年努力，中国工业软件技术和产业获得了长足进步，上述四大类工业软件产品类别齐全，但是国产工业软件整体上实力不强，并且发展不均衡。相关报告表明，信息管理类国产工业软件占国内市场份额的比例已至七成，生产制造类国产工业软件占国内市场份额的比例也达五成，但是在研发设计类工业软件方面，国产软件的市场占有率约只有 5%，并且多应用于系统功能单一、工业机理简单、产业复杂度较低的领域。然而，研发设计类工业软件对工业制造智能化具有特别重大的意义，通过上面的分析和介绍，我们可以知道，这类工业软件可以赋能工业制造的研发数字化，从而显著降低生产成本，提高生产效率，提高工业制造的智能化水平。

实际上，国产研发设计类工业软件不强就是中国信息产业发展面临的芯片领域"卡脖子"问题的根源之一。作为重要的研发设计类工业软件，电子设计自动化软件即 EDA 软件是完成超大规模集成电路芯片的功能设计、综合、验证、物理设计等流程的必备"利器"。长期以来，EDA 软件技术和市场一直为国际几大巨头企业所占据和控制，造成了目前的被动局面，而要改变现状，实现芯片领域的自立自强，必须在 EDA 软件技术上奋起直追，取得重大突破。

抓住人工智能等新科技变革机遇

造成中国工业软件发展现状的原因是多方面的，其中包括：起步相对较晚，人才基础和技术基础薄弱；工业软件的使用"黏性大"，导致路径依赖强，一旦选用外国软件就会造成进口替代难。

在清楚地意识到发展现状和面临的困难的同时，我们也要看到，当前，中国工业化与信息化融合持续深入推进，产业加工度和技术密集度不断提升，产业结构升级不断加速，自主创新的意识日益增强。中国工业软件发展正迎来前所未有的发展机遇。

包括工业软件在内的中国软件行业正获得空前力度的国家政策支持。习近平总书记在两院院士大会上指出，"实践反复告诉我们，关键核心技术是要不来、买不来、讨不来的。只有把关键核心技术掌握在自己手中，才能从根本上保障国家经济安全、国防安全和其他安全"。为突破关键核心技术，推动实现高水平科技自立自强，国家有关方面近年来作出了一系列战略部署，出台了诸多强有力的支持政策。

在工业软件方面，2020 年 8 月，国务院印发《新时期促进集成电路产业和软件产业高质量发展的若干政策》，聚焦包括工业软件在内的一系列关键核心技术研发，提出不断探索构建社会主义市场经济条件下关键核心技术攻关新型举国体制。2021 年 2 月初，工业软件首次入选科技部国家重点研发计划首批重点专项；2021 年 11 月，工业和信息化部印发实施《"十四五"软件和信息技术服务业发展规划》，提出"重点突破工业软件，研发推广计算机辅助设计、仿真、计算等工具软件"。2021 年 12 月，工业和信息化部等八部门印发《"十四五"智能制造发展规划》（简称《规划》），提出到 2025 年，中国智能制造装备和工业软件技术水平和市场竞争力显著提升，市场满足率分别超过 70% 和 50%，培育 150 家以上专业水平高、服务能力强的智能制造系统解决方案供应商。为此《规划》要求，推动工业知识软件化和架构开源化，加快推进工业软件云化部署；依托重大项目和骨干企业，开展安全可控工业软件应用示范。

中国紧紧抓住新科技变革机遇，实现云计算、大数据、人工智能等新一代信息科技的快速发展，正在为工业软件技术创新和应用注入强劲动力，补齐在此领域发展的"短板"。在云计算技术的支撑下，工业云服务平台体系开始实现对传统工业软件体系的升级和替代，可以优化计算速度和成本，集成工业仿真工作流程，提高工业仿真软件的易用性，降低使用门槛。大数据技术和人工智能技术的应用可以大幅缩短工业仿真软件的求解时间并提高求解精度。工业物联网的建立和数字孪生技术的应用，使跨流程和系统构建更复杂的工业仿真系统成为可能。

工业软件的创新发展离不开人才支撑。随着高等教育规模的不断扩大、专业结构的持续优化和质量的稳步提升，中国工业软件领域的人才培养取得阶段性成就，一批批软件学院和相关专业的毕业生加入工业软件行业队伍，中国本土"工程师红利"逐步显现出来。与此同时，中国数字经济的快速发展吸引国际软件人才，尤其是国际头部工业软件企业的技术专才加入进来，"海外人才红利"也同步呈现出来。据统计，2021 年，包括工业软件在内的中国软件业的从业人员达 809 万人。这在一定程度上缓解了相关人才不足的矛盾，也为中国工业软件技术的未来发展奠定了人才基础。

路虽远，行则将至。我们相信，借助国家政策的强劲东风，广大科技工作者和产业界携手奋斗、风雨兼程、久久为功，中国工业软件科技就一定能够实现高水平自立自强，助推中国工业软件产业和数字经济挺进世界前列。

知识拓展：

工业软件指在工业领域里应用的软件，包括系统、应用、中间件、嵌入式等。一般来讲工业软件被划分为系统软件、应用软件和介于这两者之间的中间件。其中系统软件为计算机使用提供最基本的功能，但是并不针对某一特定应用领域。而应用软件则恰好相反，不同的应用软件根据用户和所服务的领域提供不同的功能。

工业软件大体上分为两个类型：嵌入式软件和非嵌入式软件。嵌入式软件是嵌在控制器、通信、传感装置之中的采集、控制、通信等软件，非嵌入式软件是装在通用计算机或者工业控制计算机之中的设计、编程、工艺、监控、管理等软件。

工业软件是驱动工业数字化、智能化转型的核心"数字引擎"，通过集成技术、数据与流程，实现工业生产效率提升、创新能力突破与产业生态重构。

唐本忠

（张武昌绘）

"做任何事都需要热情，因为热情能驱动我们全身心地投入，并且要乐观地向前看和过好每一天。"

我叫唐本忠，是中国科学院院士、第三世界科学院院士，聚集诱导发光概念的提出者和该领域研究的引领者，获国家自然科学奖一等奖、何梁何利基金科学与技术进步奖。

科技人生轨迹：

▌ 1957 年 2 月　出生于湖北省潜江市

▌ 1978—1982 年　从华南理工大学高分子科学与工程系毕业，获工学学士学位

▌ 1983 年　在日本京都大学高分子化学系学习，获硕士学位（1985 年）、博士学位（1988 年）

▌ 1989—1994 年　在加拿大多伦多大学化学与药学系从事博士后研究工作

▌ 2009 年　当选为中国科学院院士

▌ 2017 年　主持的科研成果获得国家自然科学奖一等奖

分子之上有着广袤无垠的空间

唐本忠

基本粒子

分子聚集体

纳米材料

聚集体学

分子科学

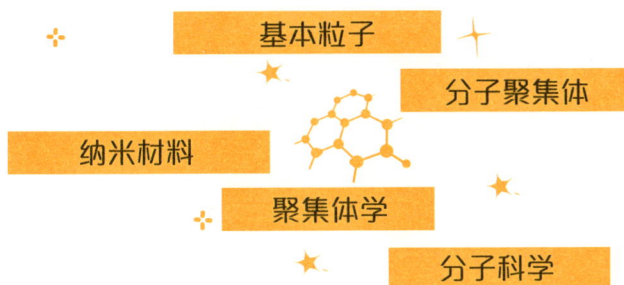

　　基本粒子是构成物质的最小单元，是组成物体的物质基础。当基本粒子汇聚形成聚集体时，两者之间是什么关系？对此，还原论和整体论给出了截然不同的答案。还原论认为，聚集体与组分粒子的性质完全相同，前者是后者的集成；而整体论则认为，整体不是部分的线性组合，整体可以大于或小于部分之和。

　　苏格兰科学家詹姆斯·克拉克·麦克斯韦 1873 年在布拉德福德市英国协会发表演讲时指出："分子是物质的最小组成单元。"《韦氏词典》将分子定义为"一种具有物质所有属性的最小粒子"。这种还原论学说将分子置于物质研究的中心基础地位。为了了解单个分子的行为，科学实验通常在极稀溶液中进行，以规避分子间相互作用的影响或干扰。许多科学定律、规则、公式、定理等都根据稀溶液中的实验数据推导或发展而来，例如描述单分子在稀溶液中光吸收过程的比尔—朗伯定律。

然而，在浓溶液中，分子从分散态变为聚集体，线性关系的比尔—朗伯定律便不再适用。在有些情况或场合下，分子与聚集体的行为和性质甚至迥然相异。例如，很多芳香族化合物在稀溶液中以单分子形式自由存在时可以在紫外线激发下发射荧光或磷光，而在聚集状态下却发光减弱甚至完全不发光。这一光物理现象常被称为聚集猝灭发光效应。另外，有些分子显示出与聚集猝灭发光过程完全相反的聚集诱导发光现象：聚集诱导发光基元在单分子自由状态不发光而在聚集态高效发光。聚集猝灭发光现象说明分子的性质可以在聚集体中消失，而聚集诱导发光现象说明新性质可以在聚集体中产生。这些例子与人们普遍接受的"分子行为决定物质性质"的观念大相径庭。

中国古代先哲老子在《道德经》中指出："三生万物。"翻译成现代科学语言就是微粒聚集的量变可以带来质的飞跃。1967 年，诺贝尔物理学奖得主菲利普·沃伦·安德森在加州大学的一个演讲中阐述了他的整体论观点："不能从几个基本粒子的性质做简单外推，去理解大而复杂的聚集体的行为"，"在复杂性的每一个层次，都会有崭新的性质出现"。当许多分子混合或组装成一个聚集体时，所得聚集体的性质将受到不同因素（如数量、形状、形态、相互作用等）的非线性影响。理解这样的复杂系统，需要构筑和发展一种研究聚集体的新科学框架，即聚集体学（Aggregology）。

分子科学研究的是不受分子之间相互作用影响的自由孤立粒子，而聚集体科学（或聚集体学）的研究对象是各种作用相互影响的受限复杂系统。这种复杂性的一种体现方式是聚集体中存在的各式各样错综复杂的效应和过程，如拮抗作用、协同作用、涌现性、多样性等。这里略举数例稍加说明：（1）随机化/规律化、无定形化/晶化、柔软化/刚硬化等拮抗作用会影响聚集体的行为，深入了解这些拮抗过程，将有助于开发新手段和新方法去改变和调控聚集体的性质和功能；（2）多体系统中组分（主体—客体、给体—受体、发射源—敏化剂等）的正确搭配和组分间的协同作用，有可能导致完美共生聚集体的形成；（3）聚集过程中可能涌现出全新的结构和性质，例如，原本无生色团的非共轭分子在团簇化后可能产生簇发光、非手性分子在螺旋组装后可能发射圆偏振光、纯有机分子聚集后可能实现高效室温磷光等；（4）聚集体可能同时显示丰富多彩的性质和多姿多彩的功能，例如，同质多晶多色发光、辐射/非辐射同步跃迁、多模态（光/声/热）生物成像及诊疗等。

对聚集体科学中的拮抗论、协同论、涌现论、多元论等进行深入系统研究，有重大的科学价值和深远的学术影响。聚集体学研究将产生新模型，创造新知识，拓宽我们对世界的认识，加深我们对自然的理解，帮助我们解决用传统还原论方法无法或难以解决的问题。在聚集体层次建立新的工作原理和机制将有助于科学家合理设计新系统和研发新材料。基于此，我们在广州市和黄埔区的支持下，在黄埔科学城建立了聚集诱导发光高等研究院。在高等研究院和华南理工大学的资助下，我们与著名的国际科学出版社 Wiley 合作创办了国际学术杂志《聚集体》（*Aggregate*），旨在为学术界搭建一个交流思想和意见的沙龙，供科学家讨论聚集体研究的挑战和机遇、分享聚集体研究的发现和突破。

分子汇集形成聚集体，因此分子层次之上的所有实体（Entity）皆可称为聚集体。在聚集体中，分子可以是几个或无穷多个，成分可以是同种或异类，产物可以是零维或多维的纳微结构乃至宏观物体……聚集体源于分子但高于分子。聚集体研究是一片无远弗届的疆域，蕴藏着无尽的宝藏。分子是物质的基本单元，然而分子本身却很难被直接利用。分子只有聚集成可加工／操控的材料才能做有用之功，如介晶分子只有在聚集之后才能实现液晶功能。聚集体研究十分重要，但遗憾的是，相对于对分子的深耕细刨，人们对聚集体涉猎不深、缺乏系统研究，聚集体相关研究堪称一块待雕琢之璞玉。

作为分子聚集体的一个特例，纳米材料得到了广泛的关注，纳米框架的搭建促进了纳米科学的发展。在聚集体层次的探索将构筑一个远远大于纳米研究的聚集体科学平台。分子之上有着广袤无垠的空间，聚集体学将推动科学研究从微观向介观到宏观的纵深扩展。我们希望并相信，聚集体学将促成研究认识论和方法论的范式转移，为人们对多级结构和复杂系统的研究探索开辟一条新路。

知识拓展：

聚集诱导发光（aggregation-induced emission, AIE）指一些分子在溶液中不发光，但在聚集态时因分子内运动受限，非辐射跃迁途径被阻断，从而发出强荧光的现象。AIE 的研究本质上是聚集体研究的一个重要分支，它主要关注发光分子在聚集体状态下的光学性质及其应用。AIE 的突破性在于该机理可以应用到不同领域，理论上讲，任何涉及分子内旋转受限的领域都可以应用。

作为中国本土原创理论，AIE 逐步打破了国际对荧光检测技术及相关产品的垄断，实现了从"跟跑"到"领跑"。AIE 研究开启了聚集体科学以及聚集体材料研究的新时代，为聚集体研究提供了新的思路和方向，推动了聚集体在智能材料、液晶材料、光波导、化学传感、细胞追踪、疾病诊疗等诸多领域的应用。

欧阳明高

（张武昌绘）

"我不是传统意义上的科学家，不过我一直在推动技术革命。我信仰技术改变世界。"

我叫欧阳明高，是新能源动力系统与交通电动化专家，中国科学院院士，清华大学教授，国际氢能与燃料电池协会首任理事长，中国汽车工程学会副理事长；获何梁何利科学与技术创新奖、国家技术发明二等奖等；主要研究领域为节能与新能源汽车动力系统。

科技人生轨迹：

▐ 1958年10月　出生于湖北省天门市

▐ 1978—1982年　在长沙铁道学院（现中南大学）学习，获学士学位

▐ 1982—1984年　在大连铁道学院（现大连交通大学）学习，获硕士学位

▐ 1988—1993年　在丹麦技术大学学习，获博士学位

▐ 2007—2011年　任"十一五"863《节能与新能源汽车》重大项目总体专家组组长

▐ 2011—2016年　任"十二五"科技部《电动汽车》重点科技专项总体专家组组长

▐ 2016年　任"十三五"国家重点研发计划《新能源汽车》重点专项总体专家组组长

▐ 2017年　入选中国科学院技术科学部院士

形成良好储能生态

欧阳明高

中国能源结构正在发生革命性变化。相关数据表明，截至2022年底，中国可再生能源装机达 12.13 亿千瓦，历史性超过全国煤电装机；截至 2023 年 4 月底，中国风电装机 3.8 亿千瓦，光伏发电装机 4.4 亿千瓦，风电、光伏发电总装机达到 8.2 亿千瓦，占全国发电装机的 30.9%，约为 36 个三峡电站的总装机容量。

历史告诉我们，每次能源革命都是先发明了新动力装置和交通工具，进而带动对新能源的开发利用并引发工业革命。我们有理由相信，以可再生能源为基础、电和氢为能源载体，以电池（光伏、锂离子、氢燃料）为动力、电瓶车为交通工具，以"绿色"和"智能"为特征的新的工业革命正加速到来。

新能源发展面临瓶颈

理想的能源必须同时满足三个标准，成为能源"三好生"，即绿色环保、价格便宜、供应安全。

我们用上述标准来衡量，不难发现：在绿色环保方面，风电、光伏等新能源具有先天优势；在价格方面，随着风机技术和光电转化效率的提高，发电成本不断下降，价格优势正日益显现出来；在安全性方面，由于受自然条件的影响很大，风电、光伏发电可谓"靠天吃饭"，具有随机性、波动性等特点，容易引发电网波动，造成安全风险，甚至可能导致停电事故。

如何提高风电、光伏等新能源接入电网的安全性，使其满足能源"三好生"标准呢？答案是"储能"，就是针对可再生能源的随机性和波动性等特点，把富余的可再生能源储存起来，当可再生能源不足的时候，通过时空变换，再把存储的电能补回去，保障电网稳定运行。这样就可以有效弥补风电、光伏等新能源在安全性方面的不足，促进中国能源结构的变革。

电池储能形成"电力海绵"

锂离子电池是一种非常好的储能装置，能够与电力系统、通信基站、数据中心、轨道交通、电动汽车、智能电网等有机融合发展，用途很广，性能优异。此类电池可分为两类，一类是集中式储能电站，另一类是分布式储能电池。

集中式储能电站把很多大容量电池集中在一起对电力进行存储，在需要用电时释放出来。由于存在自放电现象和热失控问题，锂离子电池储能电站电池既不能长周期储能，也不能大规模储能。

近年来，随着技术的进步和电池正负极材料性能的改善等，集中式储能电站的应用安全性得到提升，应用范围和场景不断扩大。2021年，中国用于储能的锂离子电池产量达 32 吉瓦，增长了 146%。

分布式储能电池是一种储能设备，而电动汽车可基于车网互动技术与电网连接，使其车载电池成为分布式储能的移动单元。在用电低谷时，电力系统给电动汽车充电；在用电高峰时，让电动汽车给电力系统放电。这样，电动汽车不仅是交通工具，而且可以成为以储能回馈能源的终端。随着汽车动力电池技术的进步，其价格不断降低，储能密度和使用寿命持续提升，单次储能成本将继续下降。

到 2022 年底，我国新能源汽车保有量约 1310 万辆，其中，纯电动汽车保有量 1045 万辆，占比近八成。如果这些汽车都参与进来，与充电桩、电网有机融合与协同，能够形成巨大的"电力海绵"网络，实现大规模、跨时空、低成本和高安全性的灵活储能。

氢储能具有存储优势

氢能是一种来源丰富、绿色低碳、应用广泛的二次能源，具有能量密度大、零污染、零碳排等优点。氢储能是把太阳能、风能等清洁能源发出的电能，或夜间电网的过剩电能，通过电解水制取氢气，用储氢罐存储，需要的时候，利用燃料电池或氢燃气轮机发电返回电网的一种储能方式。它是电站调峰的有效方式，可以有效助力新能源并网，缓解区域能源分配不均问题。目前，我国在建和筹建一批风电、光伏制氢项目市场前景广阔。

氢储能是一种非常重要的长周期、大规模储能方式，其发展关键在于继续降低储能成本。与电池直接储能相比，氢储能经济性看起来并不好，因为氢要用电解水制成，效率大打折扣。但是我们计算的是储能全链条的经济性，包括制备、储存、运输、加气、使用等环节。据计算，氢气在存储方面具有独特优势，成本远远小于电池储电成本。

储能种类众多，有高频的、有低频的，有小功率、有大功率，有短周期、有长周期，不同种类和应用场合需要不同的储能方式。电池储能和氢储能各有特点，正好互补，组合形成主流储能方式，与其他的储能方式相互配合，形成良好的储能生态。

选择储能方式要因地制宜

选择储能方式不能一概而论，要根据具体情况，因地制宜。我国东北、华北北部、西北、西南地区是主要的风电、光伏、煤电、水电的能源基地，适宜通过建设电化学储能电站，配合特高压输电，将电送到东部沿海经济发达地区。东南部、中东部和南部，火电厂密集，适宜抽水蓄能，配合高压输电网进行输送。东部人口密集地区，适宜分布式光伏、低压配电网配合"车网互动"来储能和发电。

国家发展和改革委员会、国家能源局印发的《"十四五"新型储能发展实施方案》提出，到 2025 年，新型储能由商业化初期步入规模化发展阶段，具备大规模商业化应用条件。在相关政策的支持下，预计会形成万亿级的"车网互动"的智慧能源的市场规模。

为促进中国储能领域的发展，我提出如下建议：第一，鉴于储能是实现"碳中和"的关键之一，要进一步明确主流储能技术的战略地位；第二，明确储能在新能源发展中的角色定位，进一步促进能源结构变革；第三，加强储能相关的关键技术研发，特别是加强大数据、云计算等电网智慧调控技术攻关，在电解水和燃料电池的核心材料，高效氢气制备、储运、加注等方面取得实质性突破；第四，建设"车网互动"车联万物（V2X）的基础设施；第五，健全多层次统一电力市场体系。

知识拓展：

　　氢储能是一种新型储能，在能量维度、时间维度和空间维度上具有突出优势，可在新型电力系统建设中发挥重要作用。氢储能具有能量密度高、存储周期长、零碳排放的特点，可将可再生能源电力转化为氢气储存，适配长时储能需求。在用电低谷期时，可通过利用低谷期富余的新能源电能进行电解水制氢，储存起来或者供下游产业使用；在用电高峰期时，储存起来的氢能可利用燃料电池进行发电并入公共电网。

　　氢储能破解新能源消纳难题、构建零碳能源系统，并通过氢燃料电池技术实现交通、工业等领域的深度脱碳，是能源革命中电力与氢能耦合的关键纽带。

李建刚

（张武昌绘）

"中国聚变团队时时刻刻都牢记国家和人民对我们的希望，不敢懈怠，唯有更加努力地工作，为了心中永远的太阳，为了在中国点亮聚变第一盏灯去努力、去追梦、去飞翔！"

我叫李建刚，是中国工程院院士，理学博士，中国科学院等离子体物理研究所研究员，中国磁约束聚变专家组召集人，中国聚变工程试验堆设计和工程预研负责人，在超导托卡马克工程系统的设计、关键技术发展、工程建设、系统集成、科学研究等方面解决了一系列技术难题并取得了多项重大成果，为中国乃至世界聚变研究作出重要贡献。

科技人生轨迹：

▌ 1961 年 11 月　出生于安徽省合肥市

▌ 1978—1982 年　哈尔滨船舶工程学院船舶核动力专业毕业，获学士学位

▌ 1982—1985 年　中国科学院等离子体物理研究所等离子体物理专业毕业，获硕士学位

▌ 1986—1990 年　中国科学院等离子体物理研究所等离子体物理专业毕业，获博士学位

▌ 1990—1992 年　在英国 Culham Science Laboratory 学习

▌ 2013 年　入选"万人计划"第一批科技创新领军人才

▌ 2015 年　当选为中国工程院院士

为了在中国点亮聚变第一盏灯

李建刚

能源短缺

聚变能源

氘氚聚变

托卡马克研究

聚变能发电

　　人类面临能源短缺的问题早已在人们的意料之中，聚变能源成为人类社会未来的理想能源，是最有希望彻底解决能源问题的根本出路之一。核聚变反应不产生温室气体及核废料。原料可从海水中提取，几乎取之不尽，不会危害环境。科幻片《流浪地球》描述的太阳熄灭后，人类要用1万台聚变发动机产生的能量助推地球流浪到另外一个星际，说的就是聚变能源的能力。

　　几十年前，科学家们就开始琢磨着在地球上建一个像太阳一样产生能量的装置。因为在他们看来，太阳之所以产生能量，就是太阳内部在不断地发生核聚变，如果能够在地球上建造一个像太阳一样不断地发生核聚变的装置，就能解决能源问题，从而造福人类。

但其困难程度远远超出了他们最初的预计。

地球上最容易实现的聚变反应是氘氚聚变，如果让氘和氚发生聚变反应，氘和氚所处的环境温度必须达到1亿摄氏度以上。在这样的高温下，拿什么样的容器把高温下的氘氚气体约束在一起？这样高的温度，任何材料都注定无法承受。一旦某个环节出现问题，燃料温度下降，聚变反应就会自动中止。为了实现这一梦想，全世界几代科学家一直在奋斗，各国都在建设被称为托卡马克的实验装置，其目的是利用磁悬浮的原理，将高达上亿摄氏度的等离子体火球悬浮起来，在托卡马克装置上开展各种探索研究。

2006年开始，中、欧、美、日、俄、印、韩七方决定联合建造国际热核聚变实验堆（ITER），这是中国参加的最大的国际科技合作项目。希望通过建设和运行ITER，验证和平利用核聚变能源的科学技术和工程可行性。

中国的托卡马克研究经过近50年的发展取得了很大的进展，特别是过去的20年发展很快，率先在国际上建成了第一个全超导托卡马克东方超环EAST，利用该装置开展了一系列前沿科学技术研究，特别是长时间聚变等离子体物理技术的安全控制问题。通过参与ITER计划和国内聚变研究的快速发展，中国在超导托卡马克聚变堆工程建设和相关物理实验方面已步入世界先进国家行列。由中国承担的ITER部件制造进度和质量均已处于合作七方的前列，参与ITER计划实施的一批科研机构和企业在超导托卡马克工程建设、聚变实验堆部件制造以及大科学工程管理等方面有长足进展，技术和管理水平大幅度提升。与此同时，在科学技术部的组织下，能够验证聚变大规模发电的中国聚变工程试验堆（CFETR）设计和工程研发正在深入进行。从整体上看，中国已经基本具备了制造聚变实验堆的工程技术和能力。当前积极谋划未来中国聚变工程实验堆的建设具有重要的战略意义，成功建设和开展科学研究不但能为我国进一步独立自主地开发和利用聚变能奠定坚实的科学技术与工程基础，而且使中国率先利用聚变能发电、实现能源的跨越式发展成为可能。

聚变的道路依然漫漫，无论是目前的全超导托卡马克核聚变实验装置（EAST）还是未来的 ITER 都还不能发电，依然还无法实现人类彻底掌握人造太阳的梦想。我们聚变人是幸运的，我们生活在这个幸运的年代，国家和科技高速发展，党和国家以及公众对聚变事业给予大力支持，我本人已经从事聚变研究近 40 年，真心希望不要再过 40 年聚变才能发电。中国聚变团队时时刻刻都牢记国家和人民对我们的希望，不敢懈怠，唯有更加努力地工作，为了心中永远的太阳，为了在中国点亮聚变第一盏灯去努力、去追梦、去飞翔！

知识拓展：

　　"国际热核聚变实验堆（ITER）计划"是全球规模最大、影响最深远的国际科研合作项目之一，建造约需 10 年，耗资 50 亿美元（1998 年值）。ITER 装置是一个能产生大规模核聚变反应的超导托卡马克，俗称"人造太阳"。2006 年 5 月，经国务院批准，中国 ITER 谈判联合小组代表我国政府与欧盟、印度、日本、韩国、俄罗斯和美国共同草签了 ITER 计划协定。这七方包括了全世界主要的核国家和主要的亚洲国家，覆盖的人口接近全球一半。

　　参加 ITER 计划能让我国深度参与国际核聚变前沿研究，掌握关键技术，加快核聚变能商业化应用进程，为解决能源问题提供新途径；同时，也有助于我国在国际科技舞台上发挥更重要作用，提升国际地位。

黄维

（张武昌绘）

"古往今来，正是永不停步的'变革和创新'推动着人类文明的进步，自然科学的历史才是人类真正的历史。坚持科技自立自强，既是我们坚定的选择，也是唯一的选择。一代人有一代人的长征，一代人有一代人的担当。"

我叫黄维，是中国科学院院士、俄罗斯科学院外籍院士、美国国家工程院外籍院士，中国有机电子学与柔性电子学的主要奠基者，国家杰出青年科学基金获得者，国家"973 计划"项目首席科学家，中国有机光电子学科的奠基人与开拓者，在有机光电子学、柔性电子学等领域取得了大量系统性、创新性的研究成果。

科技人生轨迹：

▎ 1963 年 5 月　出生于河北省唐山市

▎ 1979 年　进入北京大学化学系学习，获得理学学士学位、硕士学位和博士学位

▎ 1993 年　赴新加坡做博士后研究

▎ 2002 年　创建复旦大学先进材料研究院

▎ 2011 年　当选为中国科学院院士

▎ 2016 年　获俄罗斯科学院名誉博士学位

▎ 2016 年　当选为俄罗斯科学院外籍院士

▎ 2018 年　当选为东盟工程与技术科学院外籍院士

让中国柔性电子爆发出硬核实力

黄维

　　当前，新科技革命与产业变革正蓄势待发。我们研判，未来将是"碳基材料＋光电过程"（或曰"碳＋光"）的时代，石墨烯、碳基纳米材料、有机高分子材料，以及激光与光通信、光存储、光显示等将成为其显著特征。"碳基材料＋光电过程"催生了柔性电子和柔性电子产业，并为其开辟了极为广阔的发展空间，将深刻变革人类生产方式、生活方式、思维方式。

　　随着大量以信息电子、健康医疗等为代表的光电器件的柔性化，柔性电子学应运而生。它以柔性材料为基础、柔性电子器件为平台、光电技术应用为核心，是一种在将物理学、化学、材料科学与工程、力学、光学工程、生物学、生物医学工程、基础医学等学科高度交叉融合基础上形成的颠覆性科技创新的形式，在表现机械柔性方面超越了经典电子信息系统，为新一代信息科技革命和智能制造时代的发展提供了全新机遇。

相比传统的电子技术，柔性电子是将有机／无机材料电子器件制作在柔性／可延性塑料或薄金属基板上的新兴电子技术，柔软、质轻、透明、便携、可大面积应用的柔性电子器件，极大地扩展了电子器件的适用范围。柔性电子将深入交叉融合人工智能、材料科学、泛物联网、空间科学、健康科学、能源科学和数据科学，进而引领信息科技、健康医疗、航空航天、再生能源等领域的新变革，带动相关产业实现新跨越。

柔性电子技术是一场全新的电子技术革命，美国、欧盟、澳大利亚、日本、韩国、新加坡等政府机构、高等院校和科研单位争相投入大量资金与人力，建立研究中心与技术联盟，重点支持柔性显示、柔性电子器件、健康医疗等方面的研究及产业化，在柔性显示与照明、柔性能源电子、柔性生物电子和柔性传感等领域取得领先地位。

近年来，中国把与柔性电子息息相关的新一代信息产业、先进材料、生物技术、再生能源等列入了国家战略性新兴产业。北京大学、清华大学、东南大学、华南理工大学、华东理工大学、中国科学院纳米技术与仿生研究所等单位在生物电子和柔性传感领域取得了一定的科研成果。复旦大学、南京邮电大学、南京工业大学、厦门大学、南京信息工程大学、福建师范大学等先后建立先进材料与柔性电子研究基地，取得了国际领先的研究成果。西北工业大学建立的柔性电子研究院（柔性电子前沿科学中心），已成为新时代西部地区吸引优秀人才的学科高地。特别值得指出的是，南京工业大学、南京邮电大学柔性电子研究团队近年来连续取得重大突破，包括被列入"化学与材料学领域十大热点前沿"的有机超长余晖材料研究、入选"中国高等学校十大科技进展"的"高效钙钛矿发光器件研究"，还有无墨喷水打印的多彩"复写纸"、无限保鲜的"层状钙钛矿电池"、回归有机半导体本质的"有机纳米聚合物"等，相关成果相继发表于国际顶尖学术期刊，引起了业内外的广泛关注。

柔性电子研究成果正转化为引领中国信息科技发展变革的颠覆式创新力量，不断涌现的柔性电子产品将无处不在、无所不包，在柔性发光显示、柔性能源装置、柔性电子标签、柔性电子皮肤等方面起到引领和支撑作用，改变着人类生活方式。比如，柔性电子显示器就像报纸一样，可随时打开、卷曲或折叠，使手机、电视等消费电子产品形态更新颖轻便；基于柔性电子技术的薄膜太阳能电池板，可满足大功率发电需要，还能集成在衣服上，为随身携带的小电器供能；柔性电子标签既可用作钞票、食品等的防伪标识，也可用于安全指示牌和加密信息传递；"电子皮肤"既有皮肤的柔性和弹性，又可将外界作用于其上的力或热转换为电信号，进行人机信号处理；柔性发光显示可应用于飞机、船只、车辆、步兵制服和设备等领域，柔性监测设备和柔性可穿戴式传感器可广泛应用于军事和医疗以及单兵作战系统等领域。

柔性电子研究领域是原始创新的"无人区"，既富含科学宝藏，又荆棘丛生、暗藏风险。原始创新从没有坦途，科技工作者要弘扬优良传统，强化时代责任，厚植家国情怀，在祖国最需要的地方建功立业。要坚定创新自信，敢于开拓，克服浮躁心理和急功近利心态，认准方向、坚守初心、潜心钻研，以甘坐冷板凳的定力和大胆创新的魄力从事科研工作。

今天，中国电子信息技术发展正处于系统创新和智能引领的重大变革期，深入开展柔性电子领域研究是驱动创新发展的新引擎，是中国在电子信息、智能制造等领域实现弯道超车、换道超车，乃至开道超车的重要战略机遇。要大力推进柔性电子学科发展，加快培育国际领军人才和团队，在关键领域、"卡脖子"的地方下大功夫，在前瞻性、战略性领域打好主动仗，勇做新时代科技创新的排头兵！

薪火相传的技术陪伴人类从"石器时代"走到"信息时代"；而发源于公元前 600 — 前 300 年的科学，在追求知识、重构人类认知的同时，逐渐与技术融为一体，使人类文明不断实现新进步。历史上，中国以造纸术、印刷术、火药和指南针为代表的技术深刻改变了世界面貌；我们期待，中国未来能够以丰硕的柔性电子科技创新成果参与塑造世界科技和世界经济的新格局。

知识拓展：

相对于传统电子，柔性电子具有更大的灵活性，能够在一定程度上适应不同的工作环境，满足设备的形变要求。但是相应的技术要求同样制约了柔性电子的发展。首先，柔性电子在不损坏本身电子性能基础上的伸展性和弯曲性，对电路的制作材料提出了新的挑战和要求；其次，柔性电子的制备条件以及组成电路的各种电子器件的性能相对于传统的电子器件来说仍然不足，也是其发展的一大难题。

柔性电子技术是行业新兴领域，它的出现不但整合了电子电路、电子组件、材料、平面显示、纳米技术等领域技术，同时横跨半导体、封测、材料、化工、印刷电路板、显示面板等产业，可协助传统产业如塑料、印刷、化工、金属材料等的转型。其在信息、能源、医疗、制造等各个领域的应用重要性日益凸显，已成为世界多国和跨国企业竞相发展的前沿技术。

林明森

（张武昌绘）

"我的性格就像海中央的一朵浪花，只有向前推动，一浪高过一浪，才能最终到达彼岸成为拍打岸边的浪花，给人们带来绚丽的精彩。"

我叫林明森，是海洋卫星专家，国际宇航科学院通讯院士，国家卫星海洋应用中心主任、研究员，长期从事海洋遥感科研和海洋卫星工程建设，曾任"海洋一号"卫星地面应用系统副总设计师，我的创新成果改变了中国长期依赖中国之外海洋动力环境卫星遥感数据的局面。

科技人生轨迹：

▌ 1963 年 8 月　出生于福建省莆田市

▌ 1984 年　中国人民解放军国防科技大学毕业，获应用力学学士学位

▌ 1987 年　北京空气动力研究所（现中国航天空气动力技术研究院）毕业，获流体力学硕士学位

▌ 1992 年　中国科学院计算中心（现中国科学院计算机网络信息中心）毕业，获计算数学博士学位

▌ 1992—1994 年　在天津大学力学博士后流动站从事研究工作

▌ 1994—1997 年　任国家海洋局第三海洋研究所遥感与 GIS 研究中心副研究员

▌ 1997 年　任"海洋一号"卫星地面应用系统副总设计师

▌ 2021 年　当选为国际宇航科学院通讯院士

海洋卫星：大国重器经略蔚蓝

林明森

海洋卫星

海洋一号

海洋遥感

微波散射计

雷达高度计

微波辐射计

提到海洋，人们对其最直接的印象恐怕是"生命的摇篮""风雨的故乡""资源的宝库""战略的要地"等，由此可见，它与人类的生存和发展紧密相连。作为一个海陆兼备的大国，中国要做到进一步关心海洋、认识海洋、经略海洋，推动海洋强国建设不断取得新成就，唯有大力提高对海洋的认知能力和海洋信息服务能力。

海洋占地球表面积的71%，真正实现如此大面积海洋环境信息的获取绝非易事。传统上，采用岸基、船基和空基平台上的观测设备来获取海浪、潮汐和海温等海洋水文气象要素，观测费时、费力、效率低、成本高。20 世纪 70 年代末，航天科技的发展为全球海洋观测提供了一种从太空看海洋的高新科技手段。通过在卫星上搭载不同功能的遥感器，例如，微波散射计、雷达高度计、微波辐射计等，来实现对海洋风、浪、流、温、盐、深等不同海洋动力环境要素的观测。

中国的载人航天工程有力推动了海洋卫星的发展。2002 年 12 月，神舟四号飞船上搭载的多模态微波遥感器完成了天基平台的海洋测高、测风和测温的试验验证。在此基础上，2011 年 8 月，中国第一颗具有全球海洋动力环境信息观测能力的 HY-2A 卫星顺利发射入轨，一直在持续获取海洋观测数据。2018 年 10 月，HY-2B 卫星成功发射，实现了海洋动力环境卫星由试验应用向业务服务的转变，并成为全球卫星对地观测体系中的重要组成部分。

在海洋防灾减灾领域，海洋卫星已经成为不可或缺的数据源。例如，海洋动力环境卫星搭载的微波散射计，能够捕捉并获取中国周边海域全部台风的信息，在每个台风的生命周期中，至少可对其完成一次观测。同时，海洋卫星还能获取台风期间的海浪信息，这些信息在汛期灾害应急、国家防总会商等公益预报服务以及国家重大应急事件中发挥着重要作用。海洋卫星的在轨运行，为中国海上活动的海洋灾害预警预报提供了有效的数据支撑。

在海洋资源开发领域，海上风能和波浪能等新能源设施的开发和建设离不开卫星观测数据的支撑。在大洋渔业方面，雷达高度计和微波辐射计能够识别出大洋中的锋面和中尺度涡，可用来探测大洋渔场的可能区域；同时，卫星的观测还可为大洋捕捞提供渔场气象保障。

海洋卫星在海上航行安全保障和国防领域也有许多应用。例如，利用卫星获取的海浪、风场、海温、盐度和中尺度涡等信息都是海上和水下环境保障的必备数据源。

在海洋科研方面，海洋卫星提供的全球大面积、长时间序列观测数据在大、中尺度宏观估算和趋势分析中具有极大优势。例如，通过雷达高度计长期观测的海面高度信息，可以确定目前全球海平面的变化速率为每年3毫米。同时，海洋科研还需要卫星提供亚中尺度和更微小尺度的观测，这是后续海洋卫星的发展方向。

海洋卫星在为多个领域提供服务的同时，不断在卫星观测的精度、空间分辨率和时效性等方面继续提升能力。通过大力发展高轨光学、微波和激光雷达海洋遥感卫星来提升低轨卫星观测能力；建设高、低轨配合，太阳和非太阳同步卫星搭配，具备低、中、高分辨率观测能力的完整天基海洋观测体系，实现大、中、小尺度海洋环境信息同步获取，提升海洋表层、次表层和海底信息同步观测能力；卫星数据产品上做到高时效、高精度、多种类和信息全，具备全球数据分发服务能力，满足应用领域对全球海洋环境信息的业务需求。

经历了10多年的技术积累，中国的海洋卫星实现了从"无"到"有"，再到"好用"的跨越，攻克了卫星信息处理的难题，发展了一系列海洋遥感应用新技术，推进了中国海洋卫星的发展。这离不开一支以中青年为骨干的海洋卫星技术队伍，他们团结协作、开拓创新、严慎细实，突破了海洋动力环境卫星的一整套核心数据处理算法，形成了中国自主的海洋卫星技术体系，实现了从长期依赖国外卫星数据，到使用国产海洋卫星数据的根本性变革，使中国一举成为国际上少数几个掌握完整海洋动力环境卫星技术的国家。目前，海洋动力环境卫星综合观测能力已经达到甚至部分指标领先国际同类卫星水平。在海洋卫星观测领域，中国的短板是遥感机理研究基础薄弱、新体制遥感载荷少、数据处理的精细化程度不足，需努力提高卫星天地一体化的综合效能。

人类对海洋的开发和利用，人类与海洋的和谐相处，都离不开对海洋的系统了解和认知。在新时代海洋强国建设进程中，海洋信息的服务保障能力应紧紧围绕应用需求，提质增效，夯实基础，补齐短板，持续生产出高质量的卫星数据产品，服务于认知海洋的实践。

知识拓展：

　　"海洋一号"，是应国家海洋局（2018 年已撤销，相关职责整合到自然资源部等部门）要求研制的一颗试验业务卫星，为海洋生物的资源开放利用、海洋污染监测与防治、海岸带资源开发、海洋科学研究等领域服务。

　　"海洋一号"用于观测海水光学特征、叶绿素浓度、海表温度、悬浮泥沙含量、可溶有机物和海洋污染物质，并兼顾观测海水、浅海地形、海流特征和海面上大气气溶胶等要素，掌握海洋初级生产力分布、海洋渔业及养殖业资源状况和环境质量，了解重点河口港湾的悬浮泥沙分布规律，为海洋生物资源合理开发利用、沿岸海洋工程、河口港湾治理、海洋环境监测、环境保护和执法管理等提供科学依据和基础数据。

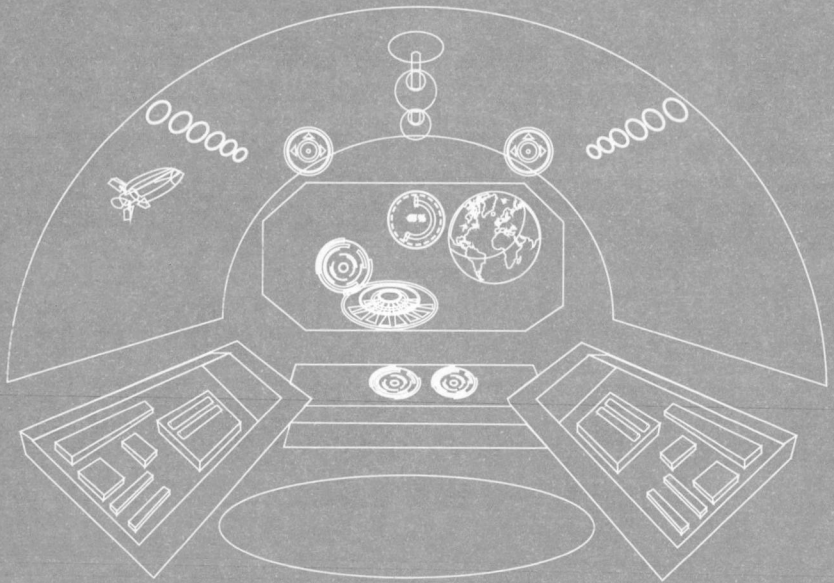

杨宏

（张武昌绘）

"我就是个设计师，要把幕后的本职工作做好。我们要形成一个严谨的工作作风，要给年轻人带好头。"

我叫杨宏，是中国工程院院士、中国载人航天工程空间站系统总设计师、中国空间技术研究院研究员。

科技人生轨迹：

▌ 1963 年 11 月　出生于吉林省通化市

▌ 1984 年　西北电讯工程学院（现西安电子科技大学）通信工程学院信息论专业毕业，获学士学位；在中华人民共和国铁道部科学研究院工作

▌ 1991 年　从中国空间技术研究院毕业，获硕士学位；从中华人民共和国铁道部调入中国空间技术研究院工作

▌ 1992 年　进入中国载人飞船总体室工作，历任载人飞船副总设计师、"天宫一号"总设计师、空间站系统总设计师

▌ 2015 年　由国际宇航科学院社会科学学部通讯院士转为终身院士

▌ 2021 年　当选为中国工程院院士

为人类和平探索和利用太空贡献中国力量

杨宏

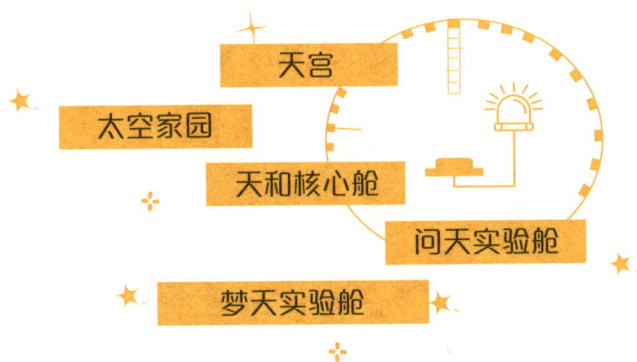

习近平总书记指出："建造空间站、建成国家太空实验室，是实现我国载人航天工程'三步走'战略的重要目标，是建设科技强国、航天强国的重要引领性工程。"2010 年 9 月，中国载人空间站工程正式立项实施。经过全体参研参试人员 10 多年的不懈努力，中国空间站完成了在轨组装建造。

神舟十八号即将发射升空，这是中国空间站在运营阶段一次重要的飞行，将实现飞船电池等方面的升级和创新发展，成为中国载人航天发展进程中新的里程碑，再次证明中国在载人航天技术方面取得的重大进步和自主发展能力。

天宫空间站的建成，标志着中国独立掌握了近地轨道大型航天器在轨组装建造技术，具备了开展空间长期有人参与科学技术实（试）验的能力，为不断推动我国空间科学、空间技术的创新发展，为建设航天强国、提升我国在国际载人航天领域的影响力提供了重要支撑。

中国空间站利用舱内外实（试）验支持设施，持续滚动地开展各类科学实验和技术试验。充分发挥有人参与、实（试）验设施和能力可升级、实（试）验项目可迭代的优势，不断推动我国空间科技的创新与发展，助力空间科技成果的推广应用与转化，为国家经济高质量发展和国际竞争力提升作出贡献。

安全宜居 运行稳定

中国空间站取名"天宫"，寄托了中华民族对广袤太空的无限遐想，同时也表明中国空间站将是一个长期、安全、稳定运行且宜居的"太空家园"。

天宫空间站由天和核心舱、问天实验舱和梦天实验舱三个基本舱段组成。天和居中，问天和梦天分别位于两侧。空间站设置有前向、径向和后向3个对接口，前向主要对接载人飞船等来访航天器，径向主要对接载人飞船，后向主要对接货运飞船。

中国空间站完全独立自主设计，三舱均有独立的电源、控制、推进和测控系统，通过交会对接和在轨平面转位完成组装建造，与载人飞船、货运飞船等共同构成百吨级载人空间站，利用信息网络技术融合使用各航天器功能与资源。其中，天和核心舱负责空间站的统一管理和控制；问天实验舱开展空间科学实（试）验，同时具有能源管理、信息管理、控制系统和载人环境等关键功能备份；梦天实验舱主要开展空间科学实（试）验；载人飞船负责航天员天地往返任务；货运飞船负责空间站及航天员物资补给、推进剂补加以及废弃物销毁。

攻关突破　彰显特色

我国载人航天工程按照"三步走"战略，在充分继承前期载人工程技术的基础上，遵循"独立自主、创新引领、体系保障、规模适度、留有发展空间"的设计原则，发挥新型举国体制优势协同攻关，突破了一大批关键技术，形成了具有鲜明中国特色的空间站方案。

独立自主的系统一体化设计。空间站研制从系统任务功能和指标体系入手，整体统一设计，系统分解，使三舱功能既有侧重又协调统一，实现了组合体各舱功能和资源的高效融合，提高了整体可靠性和运行能力。在产品实现层面，系统制定统一的技术体制，使产品通用化率高于80%，各舱产品可互换、系统可重构。

同时，空间站兼容神舟载人飞船、天舟货运飞船的技术体系，使飞船与空间站对接后构成有机整体，由天和核心舱统一管理和控制。

空间站采用了"航天器自主交会对接＋舱段平面转位"的中国式建造方案，以交会对接方式实现舱段在轨对接，自主设计了高效、可靠的舱段平面转位方案，创新了大型航天器在轨组装建造技术。

高效统一的空间能源技术。首次采用了大面积柔性太阳翼作为整站发电装置，两个实验舱太阳翼单翼展开长度27米、面积超过110平方米，设置在组合体远端的舱体尾部，采用双自由度对日定向，可确保在"T"字构型组合体各种飞行姿态下，太阳翼均有良好的太阳照射条件，充分发挥其发电效能。

空间站三舱能量由核心舱统一管理，通过并网系统实现跨舱动态调配，并可为不同电压体制的来访航天器提供供电支持。

天地一体化空间高速信息技术。空间站采用天地一体化信息与测控高速传输技术，以我国中继卫星系统天基测控方式为主，各舱段测控通信系统融合使用，提高天地间测控、通信和网络互联能力与效率。

空间站采用当代信息技术构建信息系统，各舱设备、软件、通信协议采用通用化设计，实现了空间站各舱段及与来访航天器间的数据、话音、图像等多种信息的管理与共享。信息系统由天和核心舱实现统一控制，问天实验舱作为备份。

智能灵活的空间机械臂技术。天和核心舱配置 1 个 7 自由度的大机械臂，作业半径近 10 米；问天实验舱配置 1 个 7 自由度的小机械臂，作业半径 5 米。大、小机械臂既可独立工作，也可协同工作，还可以级联形成组合臂工作，自主完成载荷照料、辅助航天员转移和作业等多项任务。

在三舱布置有多个机械臂目标适配器作为"脚印"，可供大、小机械臂在舱外"爬行"，大幅扩展了机械臂的活动范围，提高了灵活性。

安全舒适的长期驻留支持技术。空间站的设计建造坚持以人为本的理念，一方面确保航天员在轨驻留安全舒适，另一方面注重支持航天员主观能动性的有效发挥，充分体现人在空间站建造和运行中的独特作用。

在空间站环境控制和生命保障方面采用物化再生生保技术，实现资源再生利用，大幅减少水资源和氧气的上行补给量。通过再生处理，94% 以上的航天员生活污水和空气冷凝水可再次供航天员日常使用和电解制氧。后续还将采用二氧化碳与氢气还原技术，以及生活垃圾处理与再利用技术，进一步提高物资再生循环利用水平，最大限度地减少上行补给量，降低运营成本。

空间站为航天员配置饮水就餐、个人卫生、医学检查与监测、在轨锻炼等设施，提供无线 Wi-Fi 通信功能。引入地面智能家居和物联网技术，航天员可通过智能终端实现天地双向视频、智能家居管理、报警管理、医学监测以及物资管理，提高航天员生活质量、工作效率以及对整站状态的智能化管理能力。

高效能的空间应用保障能力。空间站支持开展多学科领域的空间科学实（试）验，以标准化资源为主、专用化资源为辅，为应用载荷提供机、电、热和信息接口，支持应用载荷在轨轮换更替开展实（试）验。

密封舱内为载荷提供 25 个实验机柜空间，可在轨更换、滚动使用。问天实验舱和梦天实验舱舱外共提供 67 个通用载荷适配器，分布在舱外不同部位，为开展舱外载荷实（试）验创造了有利条件。梦天实验舱配置了货物气闸舱，可与机械臂协同完成舱外载荷自动进出舱，极大地提高了工作效率。

空间站为载荷提供不小于 12 千瓦的供电功率，不小于每秒 1100 兆字节的数据下行能力以及每秒万兆字节的舱间数据传输速率，可支持舱间载荷数据协同处理。

"太空母港" 开放共享

中国空间站完成三舱组装建造后，将成为有人参与的科学探索与技术创新的国家太空实验室。中国空间站的应用前景主要在以下方面。

中国空间站将利用舱内外实（试）验支持设施，持续滚动地开展各类科学实验和技术试验，研究方向包括航天医学、空间生命科学与生物技术、空间天文与天体物理学、空间材料科学、微重力基础物理与燃烧科学、空间地球科学及应用、空间环境与空间物理、航天新技术等，在轨可充分发挥有人参与、实（试）验设施和能力可升级、实（试）验项目可迭代的优势，不断推动我国空间科技的创新与发展，助力空间科技成果的推广应用与转化，为国家经济高质量发展和国际竞争力提升作出贡献。

当前中国空间站已在轨开展了航天医学、物理、生物、材料、天文等方面实（试）验，在国际上首次完成了水稻"从种子到种子"全生命周期空间培养实验，完成了我国首次斯特林热电转换技术在轨试验，使我国热电转换效率等综合技术指标达到国际先进水平。

中国空间站创造了长期共轨飞行、短期停靠服务的"太空母港"运行模式，可作为近地轨道在轨服务平台，开展在轨服务。后续将发射巡天空间望远镜与空间站共轨飞行。巡天空间望远镜是我国首个大口径、大视场空间天文望远镜，长期与空间站共轨飞行，短期对接停靠，进行推进剂补加，由航天员进行设施维护等。未来将有更多共轨航天器与空间站伴飞并作短期停靠。

空间站具备良好的舱段扩展和应用支持扩展能力，在现有三舱构型基础上，前向对接口预留了扩展接口，具备扩展为四舱、最大为六舱组合体的能力，可支持 180 吨级组合体在轨飞行。

采用了维修性设计，设备可在轨更换维护，在线升级软件，持续提升空间站技术水平和对科学技术实（试）验的支持能力。

本着"和平利用、平等互利、共同发展"的原则，中国空间站致力于成为对外开放的科技合作交流平台，为各国提供科学技术实（试）验机会，为各国航天员和载荷专家提供在轨飞行机会。

　　目前，已确定了一批来自国际上的项目陆续进入空间站开展实（试）验。这些项目涉及空间天文学、微重力流体物理与燃烧科学、地球科学、应用新技术、空间生命科学与生物技术等。

　　探索浩瀚宇宙，发展航天事业，建设航天强国，是我们不懈追求的航天梦。中国载人航天工程始终遵循"三步走"战略，走出了一条符合我国国情的跨越式发展道路。未来中国空间站将作为国家太空实验室长期在轨运行，我们将管好、用好、发展好空间站，持续开展科学技术研究和在轨服务，持续推动科技创新和应用成果产出，着力服务国家战略、国计民生和经济社会发展，使载人航天发挥更大的科学价值和经济价值。同时，我们要把中国空间站打造成面向国际社会的科技合作交流平台，以开放共享的姿态，为人类和平探索和利用太空贡献中国力量。

知识拓展：

　　中国空间站是中华人民共和国建成的国家级太空实验室。1992 年，中国政府就制定了载人航天工程"三步走"发展战略，建成空间站是发展战略的重要目标。

　　2025 年 5 月，中国载人航天工程办公室公布，神舟十五号航天员乘组在 2023 年 5 月执行任务期间采集的空间站舱内微生物样本，经地面分析确认发现新物种"天宫尼尔菌"。这是我国在空间站微生物研究领域的重要突破，为相关研究及太空任务提供了有价值的参考。

　　中国空间站对于开展前沿科学研究、推动航天技术发展、提升国家航天实力与国际影响力、促进国际合作以及为人类太空探索和未来发展奠定基础具有深远而重大的意义。

邢继

（张武昌绘）

"我们工程师、研发设计人员内心的创新激情，可以在最困难的关口，让我们有挑战自我、持续向前的动力。"

我叫邢继，是中国核电工程有限公司副总经理、总工程师，"华龙一号"总设计师，被评为"2015年度十大科技创新人物""最美科技工作者""最美奋斗者"。

科技人生轨迹：

▍ 1964年10月　出生于河北省沧州市

▍ 1987年　哈尔滨船舶工程学院（原中国人民解放军军事工程学院）核动力装置专业毕业，被分配到北京核二院（中国核电工程有限公司前身）

▍ 1990年　被派去建设大亚湾核电站

▍ 2016年　被评为"2015年度十大科技创新人物"

▍ 2019年　被评为"最美科技工作者"

▍ 2019年　被授予"最美奋斗者"荣誉称号

▍ 2020年　被评为2020年全国劳动模范

中国核电科技迈入国际领先行列

邢继

习近平总书记在十三届全国人大五次会议内蒙古代表团审议政府工作报告时强调，要积极稳妥推进碳达峰碳中和工作，立足富煤贫油少气的基本国情，按照国家"双碳"工作规划部署，增强系统观念，坚持稳中求进、逐步实现，坚持降碳、减污、扩绿、增长协同推进。

实现碳达峰碳中和是党中央统筹国内国际两个大局做出的重大战略决策，对中国实现高质量发展、全面建成社会主义现代化强国具有重要战略意义。

中国核电经过 30 多年持续发展，实现了从引进国外技术到拥有自主先进核电技术的重大跨越，特别是在 2021 年 1 月，我国自主第三代核电"华龙一号"全球首堆示范工程正式投入商运，实现了我国先进核电自主设计、制造、建设、运行全产业链的重大技术突破，这标志着中国核电科技迈入国际领先行列，已成为实现"双碳"目标的重要途径之一。

以核电科技自立自强保障能源供应安全

"华龙一号"是我国核科技工作者秉持创新发展理念，自主研发并建造成功的具有完全自主知识产权的中国先进核电技术，安全性、经济性、可靠性、先进性等各项指标完全满足国际三代核电以及国内外最新法规标准的要求，打造出中国先进核电品牌，全面提升了我国核电的核心竞争力。国际首创177盒燃料组件的反应堆堆芯，创造了我国三代核电的"中国芯"，打破了国际上的技术壁垒。创新性研发"能动与非能动相结合"的安全设计技术，可实际规避大规模放射性释放。自主研制的反应堆压力容器、蒸汽发生器、燃料转运装置等400余项重要设备已在"华龙一号"首堆工程成功应用，全面实现了我国核电核心关键设备的自主可控。国内首次建成综合性热工水力试验平台等三代核电技术研发设计平台，形成中国先进核能研发体系。

基于全面的创新研究，"华龙一号"共形成716件国内专利、80件国外专利、百余件海外注册商标、125项软件著作权以及逾1500篇核心科技创新报告，真正做到了"核心技术掌握在自己手中"。

未来十年，我国能源结构清洁化、低碳化转型的力度将进一步加大，核能在构建多元化清洁能源体系中的作用与地位将日益凸显。一公斤的铀235裂变所产生的热量相当于2700吨标准煤充分燃烧后所产生的热量。

以"华龙一号"为例，在发电方面，核燃料装炉后可以持续发电，一年半不需要更换或者补充新的燃料，具有出色的稳定性。同时也不受燃料运输、环境气候等问题的影响，对于保障电力稳定性和安全性非常有效。

核能是全生命周期碳排放最小的发电技术之一，核电产业链温室气体排放水平与水电、风电相当，是太阳能光伏发电的1/5左右，比煤电低约2个数量级，是应对全球气候变化不可或缺的低碳能源。"华龙一号"首堆示范项目装机容量116.1万千瓦，项目投运后单台机组每年发电近100亿千瓦时，能够满足当地100万人口的年度生产和生活用电需求，相当于每年可减少标准煤消耗312万吨、减少二氧化碳排放816万吨，等同于植树造林7000多万棵树，助力减排降碳成效显著。作为核工业高科技属性和核能低碳属性的集中体现，"华龙一号"可为国家实现碳达峰、碳中和战略目标提供中国核工业方案。

电力系统脱碳是实现"双碳"目标的关键

能源是经济社会发展的重要物质基础，也是碳排放的最主要来源，在保障能源安全的前提下，加快构建清洁低碳安全高效的能源体系至关重要。根据国际能源署数据，我国碳排放行业分布中，电力热力工业占比最高，约为52%。国家统计局数据显示，2020年我国火电发电量为5.28万亿千瓦时，单位火电发电量二氧化碳排放约832克/千瓦时。据此测算，2020年我国火电二氧化碳排放量为44亿吨，占全国二氧化碳排放总量的40%以上。电力系统脱碳是全社会实现碳达峰碳中和的关键。因此，我国必须加快构建以清洁低碳能源为主体的电力体系，加速电力行业深度脱碳进程。

当前，可再生能源开发成本快速走低，规模发展迅速，但因静稳天气、昼夜变换等原因，造成的可再生能源发电存在间歇性和发电效率较低等问题仍无法解决，迫切需要稳定的基础载荷电源支撑大比例可再生能源接入电网，保障电网安全稳定运行。在大规模可再生能源生产、上网、输运、储能等环节仍存在诸多技术瓶颈的情况下，自主先进核电技术为解决能源转型的紧迫需求提供了一个重要选项。

核电运行稳定、可靠、换料周期长，适于承担电网基本负荷及必要的负荷跟踪，可作为基荷电源大规模替代化石能源，通过与风电、光伏、水电等清洁能源协同发展，共同构建清洁低碳、安全高效的能源体系，对优化能源整体布局、保障能源供应安全具有重要意义。核电在我国能源结构中占比越高越有利于整个电网系统的安全，越有利于电网对风、光等间歇性可再生能源的大比例消纳。

随着核能技术的不断发展，核能将不仅只扮演提供电力的角色，在核能制氢、区域供热、海水淡化等多用途综合利用领域都将发挥功能，起到降碳减排、确保能源安全的重要作用。目前正在探索不同堆型相互配合来进行核能供热的方案，以达到能够产出高参数且具有经济性的清洁工业蒸汽的目的。"双碳"战略目标下，核能发展迎来重要历史机遇，核电装机容量有望增加至更大规模，发展节奏进一步加快，核能的多用途利用也有望迎来爆发期。

带动国内中高端装备制造产业升级

装备制造业是经济社会发展的支柱性、基础性产业，核电装备制造能力是核电作为"国家名片"的核心体现。核电装备制造业是典型的技术密集型和资金密集型行业。我国自主核电技术的研发、核电技术创新实力的提升，极大推动了装备制造业的技术升级和制造能力提升。依托核电项目，核电装备制造业得到大量资金支持，一台百万千瓦级核电机组，建设期间投资约为200亿元，其中设备费约100亿元，可提供5万个就业岗位，全寿命期对产业链贡献可达1000亿元。对于实现技术和装备国产化、自主化，推动产业结构升级、增加就业、保障民生、推动国内高端装备制造产能释放、拉动经济具有重大意义。

"华龙一号"首堆工程的设备国产化率高达88%，批量化建设后可超过90%，将极大程度地带动国内装备制造业以及高新技术产业的发展，可有效释放国内高端装备产业产能，提升整个设备供应产业链中各个行业的产品能力，推动产业结构的发展。与此同时，在机组长达60年的运行过程中，多样的运维配套设施以及大规模备品备件的需求，使对国内工业产业链条上各行业产品能力的提升成为一个长期的过程，创造持续的经济效益。"华龙一号"的持续建设将为推动我国装备制造产业升级，早日建成制造强国作出重要贡献。

对地区国民经济建设具有很强的拉动作用

核电项目是资金密集型、技术密集型、人才密集型的特大项目，建设投资大、建设时间长、技术含量高、涉及产业多，对地区国民经济建设具有很强的拉动作用。

核电是"百年工程"，能够产生巨大的经济效应。核电项目大致可分为四个阶段：前期准备阶段（5—10年），包括项目启动、前期策划、厂址优选、前期准备，投资10亿—20亿元；项目工程建设阶段（5年左右），从浇灌第一罐混凝土至项目竣工验收，单机组投资约200亿元；项目生产运营阶段（以"华龙一号"为例，60年），核电厂建成发电至退役，投资约580亿元；退役处理阶段（10—20年），投资约100亿元。据估算，两台"华龙一号"机组在寿期内可以为运营方带来2000亿元的收入。

核电项目可直接增加地方财政收入，提升当地居民收入并扩大就业。研究表明：1元核电投资可在建设期产出约3元/年的GDP，运营期内可产出约2元/年的GDP；建设期每亿元投资可为全社会创造约3600人/年的就业机会，运营期每亿元产值可为全社会创造约2000人/年的就业机会。以"华龙一号"首堆示范工程为例，"华龙一号"投运推动了福清地区的经济发展，机组的建造过程中有效地优化了当地在道路交通、配套设施等大型项目上的建设，带动了当地小微企业的发展。

核电"出海"为构建人类命运共同体作出贡献

目前，国内"华龙一号"福清机组、防城港机组、漳州机组、太平岭机组、海南机组等都在有序建设中。

2022年2月1日，在中国农历正月初一，我国核电发展与世界共享成果：阿根廷核电公司与中核集团正式签署阿根廷阿图查三号核电站项目设计采购和施工合同。这是中阿核能合作的重要里程碑，也是双方坚持绿色低碳发展、共同应对气候变化，助力全球"碳达峰碳中和"目标，携手打造核能人类命运共同体的具体举措。

此前，"华龙一号"海外首堆巴基斯坦卡拉奇K2机组已于2021年5月21日投入商运。2022年，K3机组也将投入商业运行。两台机组投运后，可以支撑起巴基斯坦近1/3的电力缺口，为巴基斯坦 2030 年清洁能源使用占比达到 60% 的目标贡献力量。

　　一直以来，能源问题都是世界各国发展必须关注的重要问题，"华龙一号"研发设计团队始终秉持创新、协调、绿色、开放、共享的新发展理念，在"华龙一号"研发的基础上继续提升其安全性和经济性，以更安全先进的核能技术为实现"双碳"目标，构建人类命运共同体作出更大贡献。

知识拓展：

　　"华龙一号"是由中国两大核电企业中国核工业集团公司和中国广核集团在 30 余年核电科研、设计、制造、建设和运行经验的基础上，根据福岛核事故经验反馈以及中国和全球最新安全要求，研发的先进百万千瓦级压水堆核电技术，具有完全自主知识产权的三代压水堆核电创新成果，是中国核电机组发展的主力堆型，是中国核电走向世界的"国家名片"，是中国核电创新发展的重大标志性成果。

　　"华龙一号"每台机组建成后预计年发电量近 100 亿千瓦时，对优化巴基斯坦能源结构、推动实现全球碳达峰碳中和目标和共同应对全球气候危机具有重要意义。